W0097779

Vorsicht
Spanisch!

Schimpfen,
Lästern & Jammern

Müncher • New York • Singapur

Berlitz Vorsicht Spanisch! – Schimpfen, Lästern & Jammern

Herausgegeben von der Berlitz-Redaktion
Verfasser: Ainhoa Tellechea Abascal, Asier Espilla Bidaurrazaga, Carola Joost Newbery, Isabel Mendoza, Marcos Frago Vicente
Übersetzerin: Antje Schaaf
Layout: Jürgen Bartz
Illustrationen: Kyle Webster, Amy Zaleski
Projektleitung: Eva Betz

© 2006 Berlitz Publishing, München

Berlitz Publishing
Mies-van-der-Rohe-Straße 1
D-80807 München

Satz: Franzis print & media GmbH, München
Printed in Germany
ISBN 978-3-468-79161-1

INHALT

Warm-up

Du willst es Spaniern oder Lateinamerikanern mal so richtig geben? Vergiss Schulgrammatik und Lehrbuchsätze – in *Berlitz Vorsicht Spanisch!* – *Schimpfen, Lästern & Jammern* findest du die Sprache, mit der du wirklich ernst genommen wirst!

Was du wissen solltest ...

Ein bisschen Spanisch solltest du schon können. Die meisten Ausdrücke kannst du für Boys und für Girls benutzen. Wenn's doch mal komplizierter wird, ist der Ausdruck markiert.

♂ bedeutet, das Wort oder den Satz kannst du nur zu oder über Jungs sagen.

♀ heißt, du solltest nur Mädels so ansprechen bzw. so über sie sprechen.

Spanisch ist nicht gleich Spanisch. Was in Lateinamerika total angesagt ist, verstehen die Spanier vielleicht nicht mal. Damit du überall den richtigen Ton triffst, sind alle Ausdrücke markiert, die nur in Lateinamerika (*AM*) oder nur in Spanien (*E*) benutzt werden. Wörter, die man nur in einzelnen lateinamerikanischen Ländern hört, sind auch gekennzeichnet (z. B. *MEXIKO*). Aber wundere

4

dich nicht, wenn du diese Ausdrücke auch mal in anderen Ländern hörst. Die Umgangssprache ändert sich ständig, und durch Filme und Musik kommen lateinamerikanische Wörter nach Spanien und umgekehrt.

Vorsicht!

Damit du keine dicke Lippe riskierst oder beim Lästern unter die Gürtellinie gehst, sind die heftigeren Sprüche gekennzeichnet.

! Vulgärer oder gewagter Ausdruck!

Total vulgär oder gewagt. Achtung, diese Meldung könnte auch fett nach hinten losgehen!

Du hast es hier mit dem Spanisch zu tun, das man wirklich spricht, deshalb geben wir dir eine möglichst genaue deutsche Übersetzung. So kannst du sehen, wann ein Ausdruck oder ein Spruch wirklich angebracht ist und wann voll daneben.

Außerdem wirst du
auf diese Zeichen stoßen:

Unzensiert Echt vulgär oder anstößig

FACTS Coole Facts – kaum zu glauben, aber wahr

Für Insider Insidertipps

Zu guter Letzt

Sprache verändert sich ständig. Was heute in ist, kann morgen schon out sein. Wenn du in diesem Buch also etwas liest, was absolut von gestern ist, oder wenn du ein cooles Wort kennst, das wir vergessen haben – schreib uns eine Mail an **redaktion@berlitzpublishing.de**.

Nicht umsonst steht auf dem Cover „Unzensierte Ausgabe"! Bitte bewahre dieses Buch für Eltern und Lehrer unzugänglich auf! Risiken und Nebenwirkungen beim Gebrauch der Ausdrücke kann der Verlag nicht ausschließen.

- Verbaler Selbstverteidigungskurs gegen nervige Menschen
- Wie du deinen Frust über schlechte Locations, stressige Jobs oder mieses Wetter auf Spanisch loswerden kannst

1 Die Basics

Egal welche Laus dir über die Leber gelaufen ist, mit diesen Sprüchen kannst du deinem Ärger erst mal Luft machen:

Wenn dich jemand total annervt ...

¡Me pone enfermo/a / malo/a!
Der/Die macht mich krank!

¡Me produce urticaria ❗ / náuseas! ❗
Der/Die macht mich krank!

¡Me revuelve el estómago / las tripas!
Der/Die kotzt mich an!

¡Me da asco! 💣
Der/Die kotzt mich an!

¡Me saca de mis casillas! / ¡Me saca de quicio!
Er/Sie bringt mich total auf die Palme!

¡Me saca canas verdes! *AM*
Der/Die macht mich wahnsinnig! (Wörtl.: Der/Die lässt mir grüne graue Haare wachsen.)

¡No puedo con él / ella!
Ich pack ihn/sie nicht!

Estoy que lo / la mato. *E* / **¡Lo / La mato!**
AM, E / **¡Lo / La cuelgo!** *AM, E*
Ich bring ihn/sie um!
Zumindest in Gedanken ...

Estoy que reviento.
Ich flipp aus!

Für Insider In den katholischen Ländern Lateinamerikas, wo der Mann noch als Familienoberhaupt gilt, kommt es meistens nicht so gut, wenn Frauen mit versauten Schimpfwörtern um sich werfen. Bei Typen dagegen unterstützen die üblen Ausdrücke noch die Männlichkeit. In Spanien ist das schon länger nicht mehr so. Dort schmeißen alle mit den gleichen, heftigen Ausdrücken um sich.

¡Yo me lo / la cargo! *E*
Den/Die mach ich fertig!

¡Me cago en ti!
Ich scheiß auf dich!

9

1

¡Ando emputecido/a! ❗ *AM* **/ ¡Ando empelotado/a! ❗** *AM*
Ich bin stinksauer!

¡Qué tienes, caca / mierda en la cabeza! 💣 *AM*
Haben sie dir ins Hirn geschissen?
Vorsicht! Der Spruch kommt echt heftig!

¿Te has vuelto loco/a?
Bist du verrückt geworden?

¡Desaparece, si no te mato! *AM*
Verpiss dich, sonst bring ich dich um!

¡Esfúmate! *E*
Hau bloß ab!
Sonst ...

Wenn einfach nicht dein Tag ist ...

Es un día de mierda. 💣 / Es un día de miércoles.
Heute ist ein Scheißtag!
Wenn einfach alles schief geht ...

Tengo un día torcido. *E*
Ich hab heute 'nen schlechten Tag.

Hoy estoy frito. *E*
Heute geht mir einfach alles auf die Nerven.
(Wörtl.: Heute bin ich gebraten.)
In Lateinamerika bedeutet „estar frito", dass man müde ist.

¡Ando arrecho/a! ! *NICARAGUA, EKUADOR, VENEZUELA*
Ich hab sooo 'nen Hals!

¡Estoy cruzado/a *AM*
Ich bin total angenervt!

¡Estoy como agua para chocolate! *PUERTO RICO, MEXIKO*
Ich platze gleich vor Wut! (Wörtl.: Ich bin wie Wasser für Schokolade.)
Hat mit süßer Schokolade leider überhaupt nichts zu tun!

Me hincha las pelotas. 💣 *AM, E /*
Me tiene las pelotas llenas. 💣 *AM /*
Me tiene los huevos llenos. 💣 *AM*
Der/Die/Das regt mich tierisch auf. (Wörtl.:
Der/Die/Das macht mir die Eier voll.)

Estoy hasta las narices. *E*
Ich hab die Schnauze voll.

1

Estoy hasta las pelotas 💣 *AM, E /*
los huevos 💣 *AM, E /* **los cojones** 💣 *E /*
las bolas. 💣 *AM, E*
Mir steht's bis oben hin. (Wörtl.: Mir steht's bis zu
den Eiern.)
Hört sich vielleicht komisch an, aber auch Frauen
kann's schon mal bis an die Eier stehen.

Estoy hasta los ovarios. 💣
Mir steht's bis oben hin. (Wörtl.: Mir steht's bis zu
den Eierstöcken.)
Achtung! Diesen Satz können tatsächlich nur
Frauen sagen – den Männern mangelt's dazu an
den Eierstöcken ...

Für alles, was schief läuft oder nervt ...

¡Mierda! ❗
Scheiße!

¡Miércoles!
Scheiße!
Miércoles heißt eigentlich Mittwoch, aber als
Abwandlung von „mierda" kann es auch Scheiße
bedeuten.

¡Joder! 💣 *E*
Scheiße! (Wörtl.: ficken)

¡La puta! 💣
Scheiße! (Wörtl.: Die Hure!)

¡Hostia! 💣 *E* / **¡Hostias!** 💣 *E*
Verdammt!/Scheiße! (Wörtl.: Hostie)

Unzensiert

*Im Spanischen haben die meisten Schimpf-
wörter irgendwas mit Geschlechtsorganen zu
tun. Hier eine kleine Auswahl:*

*Um „huevos" (die Eier) geht es zum Beispiel in
diesen Ausdrücken …*

¡Qué huevón!	Was für ein Idiot!
¡Deja de hablar huevadas! ❗ *AM*	Erzähl keinen Scheiß!
¡Cabeza de huevo!	Schwachmat!
¡Deja de inflar / tocar los huevos! ❗	Lass mich in Ruhe!

¿Para qué huevos has …? *E*	Warum zum Teufel hast du …?
Menudos huevos tienes. ❗ *E*	Dir ist ja eh alles egal.
¡Me importa un huevo! *E*	Das ist mir scheißegal!
Me tuve que comer los huevos. 💣 *E*	Ich musste es einfach so schlucken.
Me tienen cogido *E* **/ agarrado** *AM* **por los huevos.** ❗	Die haben mich voll in der Hand.

„Pelotudo/a" 💣 *kommt von „pelotas", „boludo/a"* 💣 *von „bolas". Beides kann „Bälle" heißen, aber auch … „Hoden".*

Eres un boludo / una boluda. 💣 *AM*	Du bist echt scheiße!
Eres un pelotudo / una pelotuda. 💣 *AM*	Du bist echt scheiße!
¡Deja de hacer boludeces 💣 *AM* **/ pelotudeces!** 💣 *AM*	Hör auf mit dem Mist!
¡No boludies ❗ *ARGENTINIEN* **/ pelotudies!** ❗ *ARGENTINIEN*	Hör auf mit dem Mist!

Eres un tocapelotas. *E* Du bist echt ein Stressbolzen.

¿Para qué pelotas has …? Warum zum Teufel hast du …?

Menudas pelotas tienes. ! Mann, bist du ein Schisser!

Me tuve que comer las pelotas. 🔥 *E* Ich musste es einfach so schlucken.

Me tienen cogido por las pelotas. ! *E* Die haben mich voll in der Hand.

¡Qué tío / tía más pelota! *E* Was für 'ne schleimige Type!

In Spanien wird mit heftigen Ausdrücken nicht gegeizt! Obwohl das dritte Wort für Eier – „cojones" – noch übler klingt als die ersten beiden, werden damit alle möglichen Schimpfereien ausgeschmückt:

Me está tocando los cojones. 🔥 *E* Der/Die/Das geht mir tierisch auf die Eier.

¿Para qué cojones has …? 🔥 *E* Warum zum Teufel hast du …?

Menudos cojones tienes. 🔥 *E* Mann, bist du ein Schisser.

15

Me tienen cogido por los cojones. 💣 *E*	Die haben mich voll in der Hand.
¡Me importa un cojón! 💣 *E*	Das ist mir scheißegal!
Tengo los cojones de corbata. 💣 *E*	Ich hab tierisch Schiss.

In manchen Ausdrücken sind „huevo", „pelota" und „cojón" beliebig austauschbar. Welche das z. B. sind, siehst du oben. Aber Vorsicht: „Cojón" kommt immer noch ein bisschen krasser als die anderen beiden!

Und noch ein übles Schimpfwort: „Concha" heißt eigentlich Muschel, aber in Lateinamerika auch ... Fotze:

¡Anda a la concha de tu madre! 💣 *AM*	Verpiss dich!
¡Conchudo/a! 💣 *AM*	Du mieses Schwein!

Die Spanier verstehen zwar meistens, was mit „concha" in diesen Sätzen wirklich gemeint ist, verwenden das Wort aber selbst nicht. Stattdessen hört man auf der Halbinsel eher „coño" für Fotze.

¡Coño! 🩸 *E* Fuck!
¿Por qué coño ...? 🩸 *E* Warum zum Teufel …?
Esto es un coñazo. 🩸 *E* Das ist saulangweilig.

Für die Fotze gibt es auch noch alle möglichen anderen Wörter wie z. B. „chocho", „chichi", „almeja", „raja" und „potorro". In den drei Sätzen oben kannst du sie alle anstelle von „coño" einsetzen.

Und „culo", der Arsch, kommt natürlich auch in vielen Schimpfwörtern vor:

¡Que te den por culo! 🩸 *E* Fick dich doch!
Eres un caraculo. ❗ *E* Du bist ein Arschgesicht / eine Gesichtsbaracke.
Eres un/a tonto/a del culo. ❗ *E* Du bist echt saudumm.
¡Muévete culo gordo! *E* Beweg deinen fetten Arsch!

1 _____ Für Insider _____

In Lateinamerika reden sich Jugendliche unter
Freunden oft einfach so mit Ausdrücken wie
„huevón" oder „boludo" an, ohne dass sie sich
dabei irgendetwas Böses denken. Ältere Leute
regen sich mittlerweile über den rauen Umgangs-
ton auf und wundern sich, dass die Jungen alle mit
den gleichen Schimpfwörtern bewerfen, egal ob
Freund oder Feind. In Spanien sieht's ähnlich aus,
nur dass die Generation, die sich aufregt, schon ein
bisschen älter ist. Aber auch dort begrüßt man alte
Freunde gerne mal mit „Cabrón, ¡hacía tiempo
que no te veía por aquí!", was so viel heißt wie
„Hey, du Scheißtyp, dich hab ich hier schon lange
nicht mehr gesehen!".

Schimpfen überall

Ob über das miese Wetter, das verlorene Spiel oder die volle U-Bahn – an manchen Tagen kann man sich über alles aufregen. Nur zu: Hier findest du die richtigen Sprüche und Flüche ...

Fußballspiele und andere (sportliche) Angelegenheiten

Der Schiri ist die absolute Pfeife, die Gegner spielen einfach nur unfair, und sonst geht auch alles schief? Hier findest du die richtigen Beleidigungen fürs Stadion:

Für den Schiri ...

¡Casero! *E*
Schiebung! (Wört.: von zu Hause)
So beschimpft man einen klassischen Heimschiri.

¡Vendido! / ¡Comprado!
Der ist doch gekauft!

¡Tongo, tongo! *E*
Schiebung, Schiebung!

19

1

¡Árbitro, cegato! *E*
Mann, Schiri, bist du blind?

¡Pítele! *AM*
Foul! (Wörtl.: Pfeif ihn aus!)

¡Tarjeta!
Gelbe Karte!/Rote Karte!

¡Expulsión! *E* / **¡Sáquelo!** *AM*
Raus die Sau!/Auf Wiedersehn!

¡Penalti claro!
Klarer Elfer!

¡Se ha tirado (a la piscina)! *AM, E* / **¡Se ha dejado caer!** *E* / **¡Se ha tirado a la pileta!** *ARGENTINIEN*
Schwalbe! (Wörtl.: Er ist (ins Schwimmbad) gesprungen!/Er hat sich fallen lassen!)

Für die Gegner ...

¡Menuda panda de maricones! **!** *E* / **¡Banda de maricones!** **!** *AM*
Solche Weicheier!
Wenn die Spieler nur affektiert über den Rasen tänzeln ...

¡Han salido acojonados al campo! ! *E*

Die sind schon mit vollen Hosen auf den Platz gekommen!

Wenn die Mannschaft nicht den richtigen Biss zeigt …

¡Han metido el autobús y de ahí no salen! *E*

Die mauern die ganze Zeit! (Wörtl.: Sie haben den Bus aufgestellt, und da kommen sie nicht raus.)

„Meter el autobús" (den Bus aufstellen) sagt man, wenn eine Mannschaft nur hinten drin steht.

¡Están encerrados (atrás) todo el partido!

Sie mauern die ganze Zeit! (Wörtl.: Sie sind das ganze Spiel über hinten eingesperrt.)

Da geht nichts …

¡Os vais a enterar (de lo que vale un peine)! *E*

Jetzt könnt ihr was erleben!

¡Os vamos a dar un repaso! *E*

Euch geben wir gleich eine Nachhilfestunde.

¡Os vamos a ganar de calle! *E* / ¡Os vamos a ganar con los ojos cerrados! *E*

Gegen euch gewinnen wir doch mit links/im Schlaf!

1

Son muy marrulleros. *E*

Die foulen doch in einer Tour.

¡Son unos cagados!

Was für Schisser!

*Der Ausdruck kommt von „estar cagado de miedo",
was so viel heißt wie „sich vor Angst in die Hosen
machen".*

¡Le están cascoteando el rancho! *ARGENTINIEN,
URUGUAY*

Dem hauen sie ein Tor nach dem anderen rein.
(Wörtl.: Dem schütten sie die ganze Ranch zu.)
Da hat der Torwart nichts mehr zu lachen!

Für Insider „Hinchar" heißt eigentlich „aufblasen, pumpen" oder umgangssprachlich „nervig sein". Und ein „hincha" ist ein Fan einer Fußballmannschaft. Warum wohl? Als 1910 in Montevideo die „Nacional" von Uruguay spielte, schrie ein Zuschauer, der Prudencio Miguel Reyes hieß, immer wieder „Arriba Nacional!" (Los, Nationalmannschaft!), um seine Mannschaft anzufeuern. Als das Spiel vorbei war, wollte jemand wissen, wer der Typ war. Die

Antwort lautete: „El que hincha las pelotas del Club", was ziemlich doppeldeutig ist. Es heißt entweder „der, der für den Club die Bälle aufpumpt" oder umgangssprachlich „das nervige Anhängsel vom Club". Seitdem werden Fußballfans in den meisten spanischsprachigen Ländern „hinchas" genannt.

¡Bruto! ❗
Brutale Sau!

¡Animal! ❗
Brutale Sau! (Wörtl.: Tier!)
Schrei's, wenn ein Spieler besonders gemein reinhackt.

¡Chingaos! *MEXIKO*
Volltrottel!

¡Mucha señorita!
Weichei! (Wörtl.: So ein Fräulein!)
Hey! Girls können auch Fußball spielen!

¡Chimbo! *VENEZUELA, KOLUMBIEN*
¡Chafa! *MEXIKO*

Billig!

23

1

*Für die eigene Mannschaft, wenn sie kraft-
und saftlos abloost ...*

**Jardinero de mierda, si no piensas jugar, ¡por
lo menos corta el pasto!** AM

Hey, du beschissener Gärtner, wenn du nicht spielen willst, dann mäh wenigstens den Rasen!

*Wenn ein Spieler in einer Tour oberdramatisch den
sterbenden Schwan markiert, um Zeit zu schinden
oder dem Gegner eine Karte reinzudrücken.*

Tienen líquido refrigerante en las venas. AM /
Éstos tienen menos sangre ... AM, E / **Tienen
horchata en la sangre.** E

Die sind doch Luschen./Die haben kein Blut in den
Adern. (Wörtl.: Die haben Kühlflüssigkeit in den
Venen./Die haben weniger Blut .../Die haben Erd-
mandelmilch im Blut.)

*Wenn die Mannschaft nur lethargisch auf dem Feld
rumhängt ...*

No corres ni un rumor. AM

Du läufst langsamer als jede Oma. (Wörtl.: Du
bringst nicht mal ein Gerücht in Umlauf.)

Beweg deinen Hintern!

¡No patees en contra! *AM*
Hör auf, den Gegnern den Ball zuzuspielen!
Wenn einer so übe kickt, dass man denken könnte,
er will den anderen helfen.

Te morfaste / comiste un gol. *AM*
Die Torchance hast du versemmelt.

Comilón. *ARGENTINIEN* / **Morfón.** *ARGENTINIEN*
Ballverliebter Idiot.
Wenn einer ständig im Alleingang Tore schießen
will und nie trifft.

FACTS In Ländern wie Spanien,
Uruguay, Kolumbien und
Argentinien gehört Fußball zu den absoluten Top-
themen. Wenn dort die Spiele der Nationalmann-
schaften anstehen, geht es nur noch um Fußball,
und alles andere wird stehen und liegen gelassen.
Vom Ausgang der Spiele hängt auch maßgeblich
die allgemeine Montagslaune ab. In Kolumbien
wurde sogar schon mal ein Spieler ermordet, weil
er dummerweise in einem WM-Spiel ein Eigentor
geschossen hatte.

1

¡Pata dura! *AM*
Du Holzbein!
Wenn einer absolut kein Ballgefühl hat ...

¡Menudo coñazo de partido! *E*
So ein Schnarch-Spiel!/Das Spiel ist 'n Langweiler!

¡Pónganse las pilas! *AM*
Schaltet mal den Turbo zu! (Wörtl.: Legt die
Batterien ein!)

¡No jugáis ni a (las) tabas / a canicas! *E*
Ihr könnt doch noch nicht mal das Knöchelspiel/
Murmeln spielen.
„Tabas" ist ein typisches spanisches Kinderspiel.

¡Parece que están en un patio de colegio!
Sieht aus, als würden die auf einem Schulhof
spielen!
Bei ganz professionellen Spielen ...

¡Esta defensa es un coladero *E* / colador! *AM*
Die Abwehr ist löchrig wie ein Sieb!

Los tenemos de hijos. *AM*
Die halten wir immer schön klein. (Wörtl.: Wir
halten sie als unsere Kinder.)
*Wenn die eigene Mannschaft gegen eine andere
spielt, gegen die sie seit Jahren gewinnt,*

¡Dimisión! ¡Dimisión! *E*
Entlassung! Entlassung!
Wenn's nicht läuft, am besten immer gleich die
Trainer entlassen ..

Unzensiert

*Ein Fußballspiel ist eine gute Gelegenheit,
dein schmutziges Vokabular auszupacken.
Aber benutz es besser nur im Stadion!*

Für den Schiri ...

¡Árbitro, cabrón 💣 / hijo (de) puta! 💣
Schiri, du bist ein Arschloch/Hurensohn!

¡Árbitro, cabrón, irás al paredón! 💣 *E*
Schiri, du Arsch, dich werden sie an die Wand
stellen!
Eine der gängigsten Parolen gegen Schiris.
Sie wird in großen Gruppen laut gegrölt.

¡Hoy tú de negro, mañana tu familia! 💣 *E*
Heute gehst du in Schwarz, morgen deine Familie.
Wird auch mit einer Melodie gegrölt.

Für alle Fälle ...

¡Me cago en su / tu (puta) madre! 💣
Ich scheiß auf Ihre/deine (Huren-)Mutter!

¡Ve *E* **/ Vaya** *AM* **por la puta bola!** 💣
Hol dir den Scheißball!

¡Hijo de puta! 💣
Hurensohn!

¡Cabrones! 💣
Arschlöcher!

¡Chinga tu madre! 💣 *MEXIKO*
Fick deine Mutter!

Nepp und Ripp

*Lust auf Shopping? Lass dich nur nicht in irgend-
welchen Tourifallen über den Tisch ziehen!*

¡Menudo robo! *E* **/ ¡Es un robo!** *AM* **/
¡Es un afano!** *ARGENTINIEN* **/
¡Esto es un atraco (a mano armada)!**
Der Preis ist echt unverschämt! (Wörtl.: Das ist ja
Diebstahl!)

¡Menudo timo! *E* / **¡Menuda timada!** *E*
Was für eine Abzocke!

Me ha salido la torta un pan.
Das war schweineteuer. (Wörtl.: Ich hab für das
Brot wie für eine Torte bezahlt.)

¡Vale un Potosí! *E*
Das ist arschteuer!
Potosí ist eine Reg on Boliviens, die für ihre
Silberminen berühmt ist.

¡Cuesta un ojo de la cara! *AM, E* / **¡Cuesta un**
riñón! *AM, E* / **¡Cuesta un cojón!** ❗ *E*
Das kostet schweineviel! (Wörtl.: Das kostet ein
Auge des Gesichts/eine Niere/einen Hoden.)

¡Sale una huevada! 🔴 *AM* / **¡Sale un huevo!**
AM, E
Das ist brutal teuer. (Wörtl.: Das kostet einen
Hoden.)

¡Piden el oro y el moro! *E*
Die verlangen einen Wahnsinnspreis dafür.

¡Aquí está todo por las nubes!
Hier haben sie aber saftige Preise! (Wörtl.: Hier ist
alles in den Wolken!)

1

Los precios aquí se han disparado.
Die Preise hier sind explodiert.

¡Los precios están de la patada! *MITTEL-AMERIKA*
Die Preise sind echt übel. (Wörtl.: Die Preise sind wie ein Fußtritt.)

¡Se inflaron los precios! *AM*
Die Preise sind gestiegen! (Wörtl.: Die Preise wurden aufgeblasen.)

¡Me quisieron engrupir! *CHILE, ARGENTINIEN*
Die wollten mich bescheißen!
Wenn dir der Verkäufer Mist erzählt hat ...

FACTS In Lateinamerika ist der Preisanstieg eine echte Plage. Wirtschaftliche Stabilität gibt es immer nur vorübergehend, und Armut ist sehr verbreitet. Lautstarkes Gemotze über hohe Preise und das Feilschen um diese erlebt man auf jedem Markt, und Wörter wie „hiperinflación" (Hyperinflation) und „dolarización" (Dollarisierung) sind ständig zu hören. In den meisten Ländern Lateinamerikas ist es üblich, in den kleineren Geschäften anschreiben zu lassen.

Die Schulden werden dann am Ende des Monats bezahlt, wenn der Lohn da ist. Man nennt das „comprar por fiado / por cuotas / con la libreta" (Einkaufen auf Pump/auf Raten/mit dem Notizbuch).
In Spanien wird schon länger nicht mehr gefeilscht und angeschrieben. Aber über den Preisanstieg wird seit der Einführung des Euro auch dort kräftig geschimpft.

¡Nos dieron con un hacha! *AM*

Die haben uns arm gemacht! (Wörtl.: Die haben uns mit einer Axt bearbeitet.)
Wenn du dich ausgebeutet fühlst ...

Menudo hachazo nos han metido. *E*

Die haben uns voll über den Tisch gezogen. (Wörtl.: Die haben uns einen ziemlichen Axthieb verpasst!)

Nos han metido una clavada. *E*

Die haben uns voll über den Tisch gezogen. (Wörtl.: Die haben uns einen Nagel reingehauen!)

1

¡Se creen que somos el banco!
Die meinen wohl, wir sind die Bank persönlich!
Wenn du dich fühlst wie ein Geldautomat ...

¡Nos arrancaron la cabeza! *AM*
Die haben uns fett abgezockt! (Wörtl.: Die haben
uns den Kopf abgerissen!)

Schlechte Anmache? – Die richtige Abfuhr

Jemand nervt dich schon die ganze Zeit,
weil er oder sie dich total schräg anbaggert?
Lass den Typen oder die Tussi mit den
folgenden Sprüchen eiskalt abblitzen:

No, gracias. Estoy cansado/a.
Nein danke. Ich bin müde.
Klingt langweilig, erfüllt aber seinen Zweck.

Estoy esperando a alguien.
Ich warte auf jemanden.
Aber nicht auf dich!

Tío / Tía, me agobias mogollón. ¡Pírate! *E*
Hey Mann/Hey Alde, du gehst mir tierisch auf den
Sack! Verpiss dich!
Nicht gerade nett, aber glasklar.

¡Vete de aquí!
Verpiss dich!

¡Me tienes harto / harta!
¡Estoy hasta el copete! *AM*
(Wörtl.: Mir steht's bis zum
Haarschopf.)
¡Estoy hasta el moño *E* **/**
la coronilla! *AM, E*
(Wörtl.: Mir steht's bis zum
Haarknoten/Scheitel.)
¡Estoy hasta el coño! 🌶 *E*
(Wörtl.: Mir steht's
bis zur Fotze.)
Das können natürlich nur
Frauen sagen!

Ich hab die
Schnauze voll!/
Mir steht's bis
oben hin!

¡Me aburres, tronco / tronca! *E*
Hey Alter/Alde, du langweilst mich komplett!
Perfekt für den Fall, dass er oder sie dir stunden-
lang Sachen erzählt, die dich total annerven.

¡Me saturaste! *ARGENTINIEN*
Ich hab die Schnauze voll von dir!

¡Me tienes aburrido/a con la misma
cantaleta! *AM*
Du langweilst mich mit deinem Gelaber!

33

1

¡Déjame respirar!
Lass mich mal Luft holen!
... und hör auf, mir so eine Scheiße ins Ohr zu labern!

¡Vete a tomar por culo, tío / tía! 💣 *E*
Hey Alder/Alde, du kannst mich mal!/Leck mich, Alder/Alde!
Für alle, die's immer noch nicht kapiert haben.

¡Písese! *KOLUMBIEN*
Verpiss dich!
Übelst gemein, aber wenn's sein muss ...

Beziehungskisten

Du hast eine feste Beziehung, und dein Freund/deine Freundin verhält sich nicht so, wie du es erwarten würdest? So kannst du's ansprechen:

Wenn ihr euch gerade gar nicht versteht ...

Eres un témpano / iceberg.
Du bist ein Eisklotz.

¡Eres un/a amargado/a!
Du bist total verbittert!

Eres una frígida. ♀ 💣
Du frigide Kuh.
Ziemlich fies!

¡Eres un/a desgraciado/a! **!**
Du bist echt das Letzte!

¡Cola de paja! *AM*
Jetzt tu doch nicht so!
Wenn er oder sie versucht, sich aus allem rauszureden.

¡Eres de madera, no entiendes nada! *AM*
Mit dir kann man echt nicht reden. Du verstehst gar nichts! (Wörtl.: Du bist aus Holz, du verstehst gar nichts.)

¡Hablar contigo es como hablarle a las paredes!
Ich hab das Gefühl, ich rede gegen eine Wand, wenn ich mit dir spreche.
Und das ist echt Zeitverschwendung!

¡Deja de embarrar la cancha! *AM* / **Deja de echar más leña al fuego.** *AM, E*
Hör auf! Du machst die Sache nur noch schlimmer. (Wörtl.: Hör auf, das Spielfeld zu verdrecken./Hör auf, Holz ins Feuer zu werfen.)

1

Wenn er noch zu sehr an Mami und Papi hängt ...

¡Niño de papá! ♂ *E* / **¡Niño pijo!** ♂ *E* /
¡Nene de mamá! ♂ *AM*
Vatis Liebling!/Muttersöhnchen!

Estás más enmadrado ... ♂ *E*
Du Muttersöhnchen!

Für notorische Fremdgänger ...

¡Juegas a dos puntas! *AM* / **¡Juegas a dos bandas!** *E*
Du hast doch eine Affäre! (Wörtl.: Du spielst an zwei Enden/in zwei Banden.)

Me salieron cuernos. *AM* / **Me han puesto los cuernos / los tubos.** *E*
Sie haben mich betrogen. (Wörtl.: Sie haben mir Hörner/Rohre aufgesetzt.)
„Tubos" sagen hauptsächlich Jugendliche.

Soy un/a cornudo/a.
Sie hat mich betrogen./Er hat mich betrogen.
(Wörtl.: Ich habe ein Horn.)
Wenn dein Freund oder deine Freundin was mit 'nem anderen hat.

¿Cuántas sucursales tienes? *AM*
Wie viele Beziehungen hast du eigentlich laufen?
(Wörtl. Wie viele Filialen hast du?)
*Wenn er oder sie gerade seinen/ihren Marktwert
testet ...*

¡Tienes una (mujer) en cada puerto! ♂
Du hast doch in jedem Hafen eine Frau!
*Wenn er meint, er könnte es wie einst die Matro-
sen halten.*

*Wenn er oder sie einfach gar nichts auf die
Reihe kriegt ...*

¡Ni un huevo frito sabes cocinar! ♀ *AM*
Du kriegst doch noch nicht mal ein Spiegelei
gebraten!
*Nur für Frauen geeignet, weil Männer in Latein-
amerika es als absolut selbstverständlich anse-
hen, dass sie natürlich nicht kochen können ...*

¡Eres un inútil!
Du taugst doch zu gar nichts!

¡Eres un calzonazos! ♂ *E*
Du Pantoffelheld

1

¡No eres capaz de mover un dedo!
Kannst du vielleicht auch mal einen Finger krumm
machen?!

Te andas rascando las bolas todo el día. ♂ **!**
Du schaust doch den ganzen Tag nur blöd in die
Luft! (Wörtl.: Du kratzt dich den ganzen Tag am
Sack.)

¿Qué al pedo que andas? *AM*
Mann, hast du gar nichts zu tun?

Für Insider „Pedo" ist eigentlich
der vulgäre Ausdruck
für Furz. In Lateinamerika spricht man aber auch
von „pedo", wenn einer gerade gar nichts tut und
nur blöd rumhängt. In Spanien, Argentinien und
Uruguay ist „pedo" eine Anspielung auf einen
fetten Rausch.

Estás al pedo como sorete en pala. 🌶 *AM*
Du bist überflüssig (wie der Mist an einer
Schaufel).

Estás al pedo como oreja de sordo. **!** *AM*
Du bist überflüssig (wie ein Ohr für einen Tauben).

Estás mirando a las musarañas. *E* / **Te estás tocando las narices.** *E*

Du schaust doch nur blöd in die Luft. (Wörtl. Du schaust den Spitzmäusen zu./Du fasst dir an die Nase.)

… anstatt mal irgendwas Sinnvolles zu tun!

No pintas nada. *E*

Du kriegst doch überhaupt nichts gebacken.

Mensa-Essen und anderer Fraß

Wenn du in der Mensa, in der Kneipe oder im Restaurant sitzt und dir dein Essen überhaupt nicht schmeckt, dann sag's so:

¡Qué asco! ❗	Wie eklig!
Tiene un sabor /	Das schmeckt
gusto raro …	komisch …
¡Es un vómito! 🔴 *AM /*	Das ist zum Kotzen!
Es vomitivo. *E*	
Me da arcadas. ❗ *E*	Mich würgt's.
¡Es una mierda! 🔴	Das schmeckt
	beschissen!

1

¡La comida es una porquería! ❗	Das Essen ist total ekelhaft!
Hay que comer con los ojos cerrados. *AM*	Das kriegt man nur mit geschlossenen Augen runter.
¡No hay forma de comerlo!	Das kann man nicht essen!
¡Está salado!	Das ist versalzen!
¡Tiene un sabor insulso!	Es schmeckt total fad!
¡Esto está pastoso!	Das ist die totale Pampe!
¡Para cortar necesitas un serrucho!	Das ist zäh wie eine Schuhsohle! (Wörtl.: Man braucht eine Säge, um das zu schneiden!)
La comida parece cartón.	Das Essen schmeckt wie Pappe.
Está como una piedra.	Das ist steinhart.
La comida está pasada.	Das Essen ist total verkocht.
La comida está incomible / intragable.	Das Essen ist absolut ungenießbar.

La comida está grasosa *AM* / **grasienta.** *E*	Das Essen ist brutal fettig.
¡Parece comida de perros!	Das sieht aus wie Hundefutter!
¡Parece comida para presos!	Das sieht aus wie Knastfraß!
¡Está que pela! *AM*	Es ist so heiß, dass man sich den Mund verbrennt.
Esto está chamuscado. *E*	Das ist total verbrannt.
Este pollo va a salir corriendo.	Das Huhn ist so roh, dass es gleich vom Teller springt.
Esta ternera está viva.	Das Kalb zuckt noch.
Me he tenido que torear a la vaca (antes de comerla). *E*	Ich musste die Kuh erst noch umbringen (um sie essen zu können).
Esta comida echa para atrás. *E*	Dieses Essen ist total widerlich.
Esto es una bazofia. *E*	Das ist der totale Fraß.
Sabe a rayos. *E*	Das schmeckt echt übel.

1   Uncoole Locations

*Wenn du das Pech hast, auf deiner Kneipen-
tour in den ätzendsten Läden zu landen, wo
die Musik superschlecht ist und die Preise
endteuer sind, kannst du so Dampf ablassen
oder deine Freunde warnen:*

Es un bar / restaurante / café de mala muerte.
Das ist eine total üble Bar/ein total übles Restau-
rant/Café.
Geh lieber nicht rein ...

Es un bar / restaurante / café de medio pelo.
Das ist eine ziemlich abgefuckte Bar/ein ziemlich
abgefucktes Restaurant/Café.
Muss man auch nicht unbedingt testen ...

**Es un bar / restaurante / café de segunda /
tercera.** *E*
Das ist eine ziemlich zweit-/drittklassige Bar./
Das ist ein ziemlich zweit-/drittklassiges
Restaurant/Café.
Naja, vielleicht kann man sich die erste Klasse ja
nicht immer leisten ...

Es un bar / restaurante / café de cuarta. *AM*
Die Bar/Das Restaurant/Das Café ist echt das
Letzte. (Wörtl.: ist vierter Klasse)

Es un barsucho. *AM*
Die Bar ist eine ziemliche Spelunke.

A ese restaurante no van ni las moscas. *AM*
Das Essen in diesem Restaurant mögen nicht mal
die Fliegen. (Wörtl. In dieses Restaurant gehen
nicht mal die Fliegen.)

Es un garito *E* **/ chiringo** *E* **/ antro** *AM, E* **/
cuchitril.** *E*
Das ist ein ziemlich übles Loch.

Schul-, Uni- und Lernstress

*Du kannst nicht mehr, weil die Lehrer euch
mit Hausaufgaben und Klausuren zuschütten?
Du studierst und bist gerade im Lernstress,
weil die Prüfungszeit vor der Tür steht?
Dann mach deinem Ärger so Luft ...*

¡Se creen que uno es esponja! *AM*
Die glauben wohl, wir saugen alles auf wie
Schwämme.
Wenn's nur so einfach wäre ...

1

No me alcanzan los días de la semana para estudiar.
Mir reichen sieben Tage in der Woche nicht mehr,
um das alles zu lernen.
Dann ist's definitiv zu viel!

El profe nos tiene mal. *AM*
Der Lehrer macht uns noch krank.

¡El profe es de madera! *AM*
Der Lehrer ist total beschissen. (Wörtl.: Der Lehrer
ist aus Holz.)
Wenn der Typ einfach schlecht erklären kann.

¡Yo soy de madera! *AM*
Ich check's einfach nicht!
Schade!

FACTS „Madera" heißt eigentlich
Holz, aber in den meisten Län-
dern Lateinamerikas sagt man über jemanden, dass
er „de madera" ist, wenn er nicht ganz so schlau –
also ein Holzkopf – ist. Den Spaniern ist Holz noch
zu intelligent – bei ihnen heißt der Holzkopf Säge-
mehlkopf, „cabeza de serrín".

¡Necesito todas las luces para estudiar! *AM*
Ich brauche meine ganze Kraft zum Lernen!
Dann hör lieber auf damit!

Me bochó. *ARGENTINIEN*
Me desaprobó. *AM*
Me ha pencado *E /*
cateado. *E*

Er/Sie hat mich
durchrasseln
lassen.

Este curso me van a caer todas. *E*
Dieses Jahr werde ich keine einzige Prüfung
bestehen.
Ups!

Este semestre voy de culo. *E*
Ich bin dieses Semester echt beschissen.
Dann tu was dagegen!

He estado toda la semana empollando /
chapando / hincando los codos en la biblio. *E*
Ich hab die ganze Woche über in der Bibliothek
gebüffelt.
„Empollar" heißt eigentlich (Eier) ausbrüten ...
oder pauken, wahrscheinlich weil man über seinen
Schulheften oder Uni-Skripten manchmal auch
ewig brütet.

¡Me mató en el examen! *AM*
Ich wäre fast gestorben in der Prüfung!

¡Me tiró con todo! *AM*
Der/Die hat mich über alles ausgequetscht!
(Wörtl.: Der/Die hat mich mit allem beworfen!)

Necesitas un diccionario para entenderlo.
Man braucht ein Wörterbuch, um das alles zu
checken.
*Wenn man den Stoff vor lauter Fachausdrücken
kaum versteht.*

El profesor me ha cazado las chuletas. *E*
Der Lehrer hat mich mit meinen Spickzetteln
erwischt.
Oh, oh …

La profe me cachó copiando. *AM* / **La profe
me cazó** *AM, E* / **pilló copiando.** *E*
Die Lehrerin hat mich beim Spicken erwischt!
Dumm gelaufen!

*Miese Zeiten im Job? Wenn du nur noch im
Stress bist, der Chef oder die Kollegen nerven
und nicht mal mehr Zeit für 'ne Kaffeepause
bleibt, dann kannst du das so sagen:*

¡Ese tipo es un trepador! ♂ *AM* /
¡Esa mujer es una trepadora! ♀ *AM*

Der Typ/Die Tussi ist total karrieregeil!
Für die Menschen mit den spitzen Ellbogen.

¡Ese tío es un trepa! ♂ *E* /
¡Esa tía es una trepa! ♀ *E*

Der Typ/Die Tussi ist total karrieregeil.

Ese tío es un chupaculos *E* / pelota. *E* /
Esa tía es una chupaculos *E* / pelota. *E*

Der Typ ist ein Arschkriecher./Die Tussi ist eine
Arschkriecherin.
Für den klassischen Schleimer.

¡¿Yo qué soy, la secretaria o la sirvienta?!

Was bin ich eigentlich, die Sekretärin oder das
Dienstmädchen?!
Wenn dich der Chef zum Büttel macht.

En la oficina soy el trapo de piso. *AM*

Im Büro bin ich der Depp vom Dienst. (Wörtl.: Im
Büro bin ich der Wischlappen.)

1

En la oficina soy el último mono *E* **/ un pelele** *AM, E* **/ un don nadie.** *AM, E*

Im Büro nimmt mich keiner ernst. (Wörtl.: Im Büro bin ich der letzte Affe/ein Hampelmann/ein Mr. Nobody.).

Die checken überhaupt nicht, was ich eigentlich kann!

No hay uno/a que le venga bien. *AM*

Der/Die ist mit keinem/keiner zufrieden!

¡Me explotan!

Die beuten mich total aus!

Ein triftiger Kündigungsgrund!

¡Hoy hay un laburo! *ARGENTINIEN, URUGUAY*

Heute gibt's brutal viel zu tun!

Curro como un negro ! *E* **/ esclavo.** *E*

Ich schufte wie ein Neger/Sklave.

Meto más horas que un tonto. *E*

Ich mache Überstunden wie ein Vollidiot.

¡Aquí hay más vaqueros que indios! *E* **/
Aquí hay más caciques que indios.** *AM*

Hier gibt's mehr Chefs als Angestellte!
(Wörtl.: Hier gibt's mehr Cowboys als Indianer.)

Kleine Anspielung auf den Western.

Tengo un jefe / una jefa chupasangre ... *AM*
Mein/e Chef/in ist der/die totale Blutsauger/in ...
Überstunden über Überstunden ...

**Mi jefe / jefa me trata como a un trapo de
piso.** *AM* / **Mi jefe / jefa me trata como a una
fregona.** *E*
Mein/e Chef/in behandelt mich wie einen
Fußabtreter. (Wörtl : wie einen Putzlappen)

¡Tengo el peor jefe / la peor jefa del mundo!
Ich hab den übelsten Chef/die übelste Chefin der
Welt!

Staus, Raser und andere
Zwischenfälle auf der
Straße

*Unfähige Autofahrer, endlose Staus ... So kannst
du deinen Ärger darüber lauthals ablassen:*

¡Mujer tenía que ser ...!
War ja klar ... 'ne Frau!
Unfair, aber oft gebraucht.

Me hizo un finito. *AM*
Der/Die ist arschknapp an mir vorbeigefahren.

1

¿Al guiño / al freno / al espejo, lo tienes de adorno? *AM*

Mann, hast du deinen Blinker/deine Bremse/deinen Spiegel nur als Deko, oder was?

¿Para qué coño tienes los intermitentes? ! *E*

Verdammt, wozu hast du eigentlich einen Blinker?

¡No ves por dónde vas!

Kannst du nicht sehen, wohin du fährst?!

¡Fíjate por dónde andas, animal! !

Pass doch mal auf, wo du hinfährst, du Idiot!

¿Al carnet de conductor, te lo regalaron? *AM /* **¿Te han dado el carnet en la tómbola?** *E*

Hast du deinen Führerschein geschenkt bekommen/im Lotto gewonnen, oder was?

¡Pareces un taxista! *ARGENTINIEN*

Du fährst wie ein Taxifahrer!

... und die fahren in Argentinien wie die Henker!

¡Si los boludos volaran, los semáforos estarían en el cielo! *AM*

Wenn Idioten fliegen könnten, würden die Ampeln am Himmel hängen!

... und die Straßen hier unten wären schön leer.

¡Vas pisando huevos! *E*

Mann, fährst du langsam! (Wörtl.: Du gehst wohl auf Eiern.)
Gib Gas!

¿Es que eres daltónico/a?

Hey, bist du farbe-blind, oder was?
Wenn einer an der Ampel pennt.

¡Menudo macarra! *E*

Du beschissener Zuhälter!
So beschimpfst du Typen, die total aggressiv fahren.

¡Menudo zote! *E*

Was für ein Penner!
Wenn jemand einfach nur schlecht fährt.

¡Se cree que la carretera es suya!

Der/Die meint wohl, die Straße gehört ihm/ihr allein!

¡Menudo camino de cabras! *E*

Was für eine beschissene Straße! (Wörtl.: Was für ein Ziegenpfad!)
Wenn dir die Schlaglöcher das Genick brechen.

1

Hizo giratoria la puerta. *AM*

Er/Sie hat die Tür zugeknallt wie ein Idiot! (Wörtl.:
Er/Sie hat aus der Tür eine Drehtür gemacht.)

*Wenn eine/r die Tür so zuschlägt, dass das Auto
schon wackelt.*

„Spaß" in Bus, Bahn & Co.

*Wenn du in spanischsprachigen Ländern auf
Öffis angewiesen bist, kann das echt anstren-
gend werden! Pünktlichkeit ist nicht gerade
eine Stärke der Südländer und mit der Stra-
ßen- und Fahrzeugwartung nimmt man's auch
nicht immer so genau. Hier ein paar Sprüche,
wenn du deinen Frust ablassen willst:*

Estoy echando raíces. *AM, E* / **Me estoy
haciendo viejo/a.** *E*

Mir wachsen schon Wurzeln./Ich werd hier noch
alt.

*Wenn man schon seit Ewigkeiten auf den Bus
wartet.*

**Viajamos como sardinas. / Vamos como
sardinas en lata.**

Hier ist's eng wie in 'ner Sardinenbüchse!

Hoffentlich riecht's nicht auch so ...

Vamos apuchurrados. *E*
Wir sind hier total zusammengequetscht.

¡Aquí no entra ni una mosca!
Hier passt nicht mal mehr 'ne Fliege rein!

¡Estábamos hechos unos ñoquis! *AM*
Wir waren da drin zusammengequetscht wie Sardinen! (Wörtl.: Wir sind da drin zu Gnocci gemacht worden!)

Esta furgoneta es como una caja de cerillas. *E*
Dieser Kleinbus ist wie eine Streichholzschachtel.
Ein ziemlich kleiner Kleinbus ...

¡Da más vueltas que la calesita! *AM*
Der braucht länger als 'ne Pferdekutsche.
Wenn der Bus ewig durch die Gegend eiert.

¡Tren lechero! *AM*
Milchkannenzug!

Este viaje es más largo que un día sin pan. *E*
Diese Fahrt nimmt überhaupt kein Ende.
(Wörtl.: Diese Fahrt dauert länger als ein Tag ohne was zu essen.)

1

Este bus va más lento que el desarrollo de una berza. *E* **/ Este bus es más lento que el caballo del malo.** *E* **/ Este bus va a pedo (de) burra.** *E*

Dieser Bus ist arschlangsam. (Wörtl.: Dieser Bus ist langsamer als die Entwicklung eines Kohls/als das Pferd des Bösen./Dieser Bus fährt mit Eselsfurz-Geschwindigkeit.)

El chófer aprendió a manejar por correo … *AM*

Der hat das Fahren doch per Post gelernt …

Ese tío va follado. **!** *E*

Der Typ fährt wie 'ne gesengte Sau.
(Wörtl.: Der Typ fährt gefickt.)

Cuidado, ¡se desarma en cualquier momento! *AM*

Vorsicht, das Ding könnte jeden Moment auseinander fallen!
Für ältere Modelle …

Este tren es del año de la polca. *E*

Dieser Zug ist uralt. (Wörtl.: Dieser Zug ist aus dem Jahr der Polka.)

Es ist Hochsommer oder tiefster Winter?
Dir klappern die Zähne, oder du schwitzt wie
ein Schwein? Wenn dir das Wetter einen Strich
durch die Rechnung macht, dann probier's mal
hiermit:

¡Se caen hasta los pajaritos! *AM* / Se caen las moscas. *E*

Es ist brutal heiß! (Wörtl.: Es ist so heiß, dass die
Vögel/Mücken vom Himmel fallen.)
Hitchcock lässt grüßen!

¡No corre ni una gota de aire!

Es weht nicht mal ein laues Lüftchen.
Wenn's so richtig drückend ist.

Hace un calor de mil demonios. *E*

Es ist heißer als in der Hölle.

¡Cómo calienta Lorenzo! *E*

Brutal, wie die Sonne runterbrennt!
In Spanien wird die Sonne oft liebevoll „Lorenzo"
genannt.

Hace un frío que pela. *E* / Hace un frío de diez pares de narices. *E*

Es ist schweinekalt.

1

Llegué nadando ... *AM*
Ich bin hergeschwommen ...
Wenn du patschnass bei jemandem einläufst ...

¡Vine / llegué en canoa! *AM*
Ich bin mit dem Kanu gekommen.
Wenn's schon bald Hochwasser hat.

¡Estamos pasados por agua!
Wir sind unterwegs total eingeregnet.
Als „pasados por agua" bezeichnet man auch
weich gekochte Eier.

¡Cayó un aguacero!
Da ist ein Mords-Platzregen runtergekommen!

¡Se vino el diluvio! *AM* / **Está cayendo el diluvio universal.** *E*
Die Sintflut ist gekommen!

Están cayendo chuzos de punta. *E*
Es regnet Bindfäden.
Wenn es bei uns Bindfäden regnet, fallen in
Spanien Metallspießchen („chuzos") vom Himmel.
Aha!

Esta lloviendo a cántaros.
Es schüttet wie aus Kübeln.

¡El agua cayó a baldasos! *AM*
Es hat geschüttet wie aus Kübeln.

Estoy calado/a hasta los huesos. *E*
Ich bin nass bis auf die Haut.
Brrrr!

¡Se vino la pedrada! *AM*
Es hat Steine gehagelt!
Aha!

¡Me trajo el viento! *AM*
Der Wind hat mich hergeweht.
Klingt netter als es sich anfühlt!

Hace un día de perros.
Heute ist richtiges Sauwetter.
Wie wär's mit 'ner heißen Schokolade am Kamin?

1   Die liebe Technik

*Du musst dich mit technischem Gerät aus-
einander setzen und verstehst nur Bahnhof?
Du willst das Ding einfach nur anschalten und
schaffst es nicht? Hier ein paar Sprüche für
solche Situationen:*

Este cachibache / cacharro / chisme me está volviendo loco/a. *E*

Dieses olle Teil macht mich wahnsinnig.
Hau's in die Tonne!

Este móvil no furrula *E* / tira *E* / chuta *E* / va *E* / fona. *E*

Dieses Handy funzt überhaupt nicht.
Siehe oben ...

Este DVD la ha palmado *E* / cascado *E* / diñado. *E*

Diese DVD ist futsch.
„Palmarla", „cascarla" und „diñarla" sind alles
Wörter für „abkratzen".

Es chino básico. *AM* / Suena a chino. *E*

Ich versteh nur Bahnhof. (Wörtl.: Das ist/hört sich
an wie Chinesisch.)
Wenn du absolut nicht checkst, was die in der
Anleitung eigentlich von dir wollen.

¡No es moco de pavo!
Das ist gar nicht so einfach! (Wörtl.: Das ist kein Putenrotz.)

Para esto soy nulo.
Darin bin ich echt 'ne Null.

¡Eres un cero a la izquierda! *AM, E* /
¡Eres un paquete! *E*
Du bist eine Null!
Achtung! „Paquete" heißt in anderen Kontexten auch das Gemächt.

¡No tengo la más puta idea! !
Ich hab keinen blassen Schimmer!

Estoy más perdido/a que un pulpo en un garaje. *E*
Ich bin total aufgeschmissen. (Wörtl.: Ich bin verlorener als ein Tintenfisch in einer Garage.)
Hat schon mal jemand einen Tintenfisch in einer Garage gesehen?

¡No cacho nada! *AM* / **¡No agarro nada!** *AM* /
¡No pillo nada! *E* / **No me empapo de nada!** *E* /
¡No me entero! *E*
Ich check überhaupt nichts!

1

¡Renuncio!
Ich gebe auf!
Feigling!

La cabeza, ¿la tienes de adorno?
Hast du deinen Kopf nur zum Kämmen, oder
was?

¡Ponte buzo! *GUATEMALA, MEXIKO, SALVADOR*
Denk nach!
*„Buzo" bedeutet in den meisten Ländern Latein-
amerikas „Hemd". Wenn man den gleichen Satz mit
Artikel sagt, also „Ponte el buzo", heißt das „Zieh
dir dein Hemd an!".*

¡Deja de meter mano! *AM* / ¡Déjalo! *E*
Hör auf (mir reinzupfuschen)!
*Vorsicht! In Spanien heißt „meter mano" auch
befummeln (und zwar nicht nur Dinge …).*

¡Deja de darte paquete! *GUATEMALA , MEXIKO*
Hör doch auf mit deiner Klugscheißerei!
Wenn einer glaubt, alles besser zu können,

... nervige Menschen. Wer auch immer dich annervt, hier findest du die richtigen Schimpf-wörter für ihn oder sie:

Männer

Den Typen kannst du überhaupt nicht ab?
So kannst du es ihm ins Gesicht sagen:

¿Qué te crees, el macho de América? *AM /*
¿Te crees el amo de la barraca? *E*
Du hältst dich wohl für den Größten! (Wörtl.: Glaubst du, du bist Amerikas Supermann/der Hausherr der Baracke?)

¡Cagón! 💣 *AM /* ¡Pringado! *E*
Du Schisser!

¡Cornudo! 💣
Deine Alte betrügt dich doch! (Wörtl.: Gehörnter!)
Muss nicht stimmen, sitzt aber garantiert!

¡Piojo resucitado! *AM*
Du Null! (Wörtl.: Du wiederbelebte Laus!)
Sehr bildlich!

¡Capullo! ❗ *E*
Arschloch! (Wörtl.: Vorhaut!)

1

¡Mamón! *E*
Du Idiot! (Wörtl.: Säugling)

¡Soplapollas! 🔥 *E*
Du Schwanzlutscher!
Pass auf, zu wem du's sagst!

Frauen

Sie hält sich für was ganz Großartiges oder ist einfach nur stressig? So kannst du sie ruhig stellen:

¿Quién te crees, la novia de América? *AM / ¿Te crees la reina del Carnaval?* *E*
Du hältst dich wohl für die Tollste!
(Wörtl.: Glaubst du, du bist die Braut von Amerika/die Karnevalskönigin?)

Vete a lavar los platos. ❗ *AM / Anda a lavar los platos.* *ARGENTINIEN*
Geh du doch lieber Geschirr spülen.
Das kannst du doch am Besten.

¡Las mujeres a la cocina / a fregar!
Frauen gehören an den Herd/an die Spüle!
Das wird sie sicher gerne hören ...

Deja de histeriquear. *AM*
Hör doch auf, so launisch zu sein!

¡Histérica!
Du hysterische Kuh!

¡Eres una chismosa! *AM, E /* **¡Eres una portera!** *E /* **¡Eres una metomentodo!** *E*
Du bist so eine üble Tratschtante.
„Metomentodo" kommt von „me meto en todo" –
ich mische mich überall ein.

Nervige Kinder

Du willst am Strand entspannen, und es wimmelt nur so von nervigen Kindern? Oder dachtest du, mit Babysitten lässt sich einfach Geld verdienen? Folgende Sprüche werden dir helfen, wenn's dir zu bunt wird:

¡Chiquito/a de mierda! ❗ *AM /* **¡Enano/a de mierda!** ❗ *E*
Scheißkind!/Scheißzwerg!

Chinita / chinito de porquería. ❗ *AM*
Miststück! (Wörtl.: Du kleiner Dreckschinese!)
Sag das auf keinen Fall zu chinesischen Kindern!

63

1

¡Malcriado/a!
Verzogene Göre!/Verzogener Kerl!

¡Chiquito/a fregón! *AM*
Lästiges Balg!

¡Mocoso/a!
Rotzgöre!/Rotzbengel!

¡Niño/a mimado/a / consentido/a!
Verwöhntes Balg!

Ungeliebte Exfreunde

Gebrochenes Herz? Liebeskummer? Hier findest du ein paar Gemeinheiten, die du dem oder der Verflossenen an den Kopf werfen kannst.

Für sie ...

Eres ...	Du bist ...
una mosquita	eine Schlampe.
muerta. ❗ *AM*	(Wörtl.: eine tote Fliege)
	Achtung: In Spanien ist das eine, die nicht so brav ist, wie sie aussieht.

Eres ...	Du bist ...
una zorra. 💣	eine Schlampe.
	(Wörtl.: eine Füchsin)
una puta. 💣	eine Hure/Nutte.
una cualquiera.	eine Hure/Nutte.
una hija de puta 💣 /	eine Hurentochter.
hija de la gran	
puta 💣 /	
hija de perra. 💣	
un putón verbenero.	eine Hure/Nutte.
	„Verbenero" kommt von
	„verbena", einem typi-
	schen spanischen Tanz.
una cabrona. 💣	ein Miststück.
una pajera. 💣	ein Miststück.
SÜDAMERIKA	
una viva.	ein gerissenes Luder.
ARGENTINIEN	
una sinvergüenza. ❗	ein Miststück.
una perra. 💣	eine Schlampe/
	ein Miststück.
una capulla. ❗ *E*	ein Miststück.
una cerda ❗ /	eine blöde Sau.
marrana. ❗ *E*	
una mala pécora. ❗ *E*	ein Miststück.

1

Eres un avión. *AM*
Du springst doch mit jedem ins Bett.
(Wörtl.: Du bist ein Flugzeug.)
Wenn jede Landung gleich im Bett endet.

Estás majara. *E*
Du bist total bescheuert.

Für ihn ...

Eres ...	Du bist ...
un mujeriego.	ein Aufreißer/Frauenheld.
un perro. ❗	ein Aufreißertyp/ein Scheißkerl. (Wörtl.: ein Hund)
un cabrón. 💣 *E*	ein Scheißkerl.
un hijo de puta 💣 **/ hijo de la gran puta** 💣 **/ hijo de perra.** 💣	ein Hurensohn/Bastard.
un sinvergüenza. ❗	ein Arschloch/Drecksack.
de madera en la cama. *AM*	beschissen im Bett.
un pajero. 💣 *SÜDAMERIKA*	ein Arschloch.
un chanta. *ARGENTINIEN*	ein mieser Betrüger.

Eres ...
un puerco. ❗
un cerdo. ❗
un bastardo. 🔴

Du bist ...
ein mieses Schwein.
ein mieses Schwein.
ein Bastard.

Fiese Lehrer

Bei manchen pennt man fast ein, bei anderen
hat man das Gefühl, man kann's ihnen
sowieso nie recht machen ... Lehrer sind ein
schwieriges Volk!

¡Qué viejo/a de mierda! 🔴 *AM*
Was für ein fieser alter Sack!/Was für eine fiese
alte Kuh!

¡Se cree Dios!
Er/Sie glaubt, er/sie sei Gott!

Es un chapas *E* / brasas. *E*
Er ist ein totaler Langweiler./Sie ist eine totale
Langweilerin.
Wenn du bei seinen oder ihren Erklärungen fast
einpennst.

Es una sargento. ♀ *E*
Die führt sich auf wie Frau Oberfeldwebel.
Für Lehrerinnen, die besser zum Militär gegangen wären.

Se le va la cabeza *E* **/ olla** *E* **/ bola** *E* **/ pinza.** *E*
Der/Die hat doch Hirnschwund.

El profe / La profa me tiene tirria. *E*
Der Lehrer/Die Lehrerin kann mich nicht leiden.
Was für ein Pech …

El profe no me puede ni ver.
Der Lehrer kann mich einfach nicht ausstehen.
Beruht wahrscheinlich auf Gegenseitigkeit, oder?

El profe se raya. *E*
Der Lehrer erzählt nur langweilige Scheiße.
Bla, bla, bla …

No se le entiende ni papa *E* **/ patata.** *E*
Bei dem/der versteht man echt gar nichts.

Es una mierda de profesor. ♂ ❗ /
Es una mierda de profesora. ♀ ❗
Das ist ein total beschissener Lehrer./Das ist eine total beschissene Lehrerin.

*Ganz oft kriegen Lehrer erstmal ihren persön-
lichen Spitznamen verliehen, unter dem sie
dann im allgemeinen Schulgetuschel laufen.
Hier eine kleine Auslese davon:*

el cojo / la coja	der/die Lahme/
	der Hinkefuß
el bizco / la bizca	Mr. Silberblick/
	Mrs. Silberblick
el tuerto / la tuerta	der/die Einäugige
el / la carca	der/die konservative
	Alte
el cegato / la cegata	der/die Kurzsichtige
el cheposo /	der/die Bucklige
la cheposa	
la jirafa ♀	die Giraffe
la gorda ♀ **/**	die Dicke/
la ballena ♀ **/**	der Walfisch/
la vaca ♀ **/ la foca** ♀	die Kuh/die Robbe
la travesti ♀	der Transvestit
	*Für den eher unweib-
lichen Typ ...*

1   Tyrannische Chefs

Du fühlst dich total ausgebeutet oder wirst ständig nur runtergeputzt? So kannst du deinem Ärger Luft machen:

¡Es un/a chupasangre! *AM*
Der Typ ist ein Blutsauger!/Die Tussi ist eine Blutsaugerin!

¡Amargo/a! *AM*
Verbittertes Arschloch.
Wenn eine/r immer nur streng ist und nie ein Lächeln über die Lippen bringt ...

¡Me serrucha el piso! *AM*
Der/Die sägt mich gnadenlos ab!
Passt auch für mobbende Kollegen.

Me quiere dar la patada. *E*
Der/Die will mich rausschmeißen.
Wenn er dir aber eine „patada hacia arriba" gibt, heißt das, er will dich über eine Beförderung loswerden.

Me trata a patadas. *E*
Der/Die behandelt mich total scheiße.

Mi jefe es un rata *E* / agarrado. *E*
Mein Chef ist der totale Geizhals.
... deswegen läuft die Firma auch so gut!

Und hier ein paar Nettigkeiten, die du deinem Chef oder deiner Chefin um die Ohren hauen kannst – aber nur, wenn du sowieso gerade kündigen wolltest …

¡Eres un/a ...	Du bist ...
explotador/a!	ein Ausbeuter/ eine Ausbeuterin!
tirano/a!	ein Tyrann/eine Tyrannin!
desgraciado/a! *E*	ein niederträchtiges Schwein!
negrero/a!	ein Sklavenhalter/ eine Sklavenhalterin!
ser despreciable!	ein Nichts!

¡Sólo vives para el trabajo!
Du lebst doch nur für die Arbeit!

¡No tienes vida privada!
Du hast doch null Privatleben!

¡Esto parece una plantación! *E*
Hier geht's zu wie auf einer Plantage!

Sí, Buana. *E*
Ja, Master!

„Buana" kommt noch aus den Filmen, in denen die Schwarzen den Weißen dienen mussten.

¡Mala persona!
Du hast echt einen üblen Charakter!

¡No tienes escrúpulos!
Du bist total skrupellos!

¡Eres lo (puto) peor! ❗ / ¡Eres lo peor de lo peor!
Du bist echt das Letzte.

¡Abusador! *AM* **/ ¡Abusón!** *E*
Menschenschinder!
Wenn du immer mehr Überstunden machen sollst,

¡Mafioso! *AM*
Mafioso!

Stinkende Raucher

Du bist Nichtraucher und kannst den Qualm nicht ab? So kannst du dich beschweren:

Fuma como un escuerzo. *AM* **/ Fuma como un carretero** *E* **/ descosido.** *AM, E*
Er/Sie raucht brutal viel! (Wörtl.: Er/Sie raucht wie eine Kröte/ein Fernfahrer/ein Wilder.)

Es una chimenea. / Fuma como una chimenea.
Er/Sie raucht wie ein Schlot!

Es una fumador/a empedernido/a.
Er/Sie ist Kettenraucher/in.

¡Si quieres morirte, muérete solo/a!
Wenn du dich umbringen willst, dann bring dich
allein um.
Ein Spruch für den militanten Nichtraucher.

¡Tienes dedos de fumador/a!
Deine Finger sind schon ganz gelb vom Rauchen.

¡Tienes dientes de fumador/a!
Deine Zähne sind schon total vergilbt vom
Rauchen.

¡El humo me está matando!
Der Rauch bringt mich um!
Ein bisschen übertrieben vielleicht ...

Menuda humareda. *E*
Hier ist's total verqualmt.

1   Dummschwätzer

Der Typ/Die Tussi bohrt dir eine Geschichte nach der anderen ins Ohr oder labert einfach nur Mist? So bringst du jeden zum Schweigen …

No seas mentiroso/a. *AM, E* **/ No seas bolero/a** *E* **/ trolero/a.** *E*
Sei kein Lügner!

Eso es una bola *AM, E* **/ trola.** *E*
Das ist eine Lüge!

No seas hablamierda. ! *AM* **/ ¡No hables boludeces!** *ARGENTINIEN, URUGUAY*
Sei kein Dummschwätzer./Hör doch auf mit der Dummschwätzerei!

No te hagas el longuis / sueco conmigo. *E*
Jetzt stell dich nicht so dumm.

No te hagas el vivo *AM* **/ el gil** *ARGENTINIEN* **conmigo.**
Jetzt stell dich nicht dumm.

Todo eso son cuentos chinos.
Das sind doch alles Märchen.

No me vengas con ese cuento. / A otro con ese cuento.
Das kannst du jemand anderem erzählen.

No me vengas con milongas. *E*
Lüg mich nicht an.
Die „milonga" ist eigentlich ein argentinisches
Musikstück.

Eso no se lo cree ni Rita / Blas. *E* **/ Eso no te
lo crees ni tú.** *AM, E*
Das glaubst du ja wohl selbst nicht.
Und Rita und Blas auch nicht!

Eso son sandeces.
So ein Geschwätz!

Todo es un verso. *AM*
Das denkst du dir doch alles bloß aus.

¿Me estás cargando? *AM*
Willst du mich verarschen?

Me importa un comino *AM, E* **/ pepino.** *AM, E* **/
Me importa un bledo** *AM, E* **/ pimiento** *E* **/
pito** *AM, E* **/ jamón** *E* **/ rábano.** *AM, E*
Das interessiert mich nicht die Bohne.
Auf Spanisch interessiert es dich ein Körnchen
Kreuzkümmel, eine Gurke, ein Korn Amarant, eine
Paprika, eine Hupe, einen Schinken oder einen
Rettich.

1

Me importa una mierda. ❗
Das interessiert mich einen Scheißdreck.

¡Anda cántale a Gardel! *ARGENTINIEN, URUGUAY*
Erzähl's doch deiner Mutti! (Wörtl.: Dann sing es doch Gardel vor!)
Gardel war ein berühmter Tangosänger und -tänzer. Wer sich traut, ihm vorzusingen, muss schon ziemlich überzeugt von seiner Sache sein.

No seas versero. *AM*
No hables paja. *KOLUMBIEN*
No eches botana. *MEXIKO*
No hables huevadas.
ARGENTINIEN

Erzähl keinen Scheiß.

Für Insider Das Erzählen von Heldengeschichten hat in Lateinamerika eine lange Tradition. Dabei wird gerne mal extrem übertrieben und mit Randbemerkungen und Witzen ausgeschmückt – Hauptsache, man steht am Ende als der/die Größte und Beste da. Als Weltmeister im Ausdehnen von Erzählungen gelten dabei die Bewohner der karibischen

Inseln, und die Argentinier wissen die unglaublichsten Dinge zu berichten. In Spanien nennt man solche Geschichten, die mit Vorliebe von Männern erzählt werden, „bravuconadas".

... und andere Idioten

Wenn du jemanden so richtig anpissen willst, dann erklär ihn einfach zum Intelligenzallergiker!

Eres un/a ...
imbécil.
estúpido/a. ❗
burro/a.
gilipollas. 💣 *E*
paspado/a. *AM*
idiota.
memo/a. *E*
aparvado/a. *E*
apanado/a. *E*
pringado/a. *E*

Du bist ein
Idiot/Dummkopf.

1

Eres …	Du bist …
corto/a de entende-	echt schwer von
deras *E* / **cortito/a.** *E*	Begriff.
una lenteja. *PERU,*	ein Depp.
KOLUMBIEN	(Wörtl.: eine Linse)
un buey. ♂ *MEXIKO*	ein Hornochse.

Eres …	
tonto/a del culo ❗ *E* /	
del bote. ❗ *E*	
tonto/a de mollera. *E*	Du bist <u>saudumm</u>.
subnormal. ❗ *E*	
anormal. ❗	

Eres …	Du bist ein …
un/a pardillo/a. *E*	Trottel.
un caballo. ❗ *AM*	Volltrottel.
	(Wörtl.: Pferd)
un/a gil/a *MITTELAMERIKA* /	Trottel.
un/a pasmado/a.	
MITTELAMERIKA	

Eres un/a …	Du bist ein …
cabeza hueca.	Hohlkopf.
cabeza de chorlito.	Wirrkopf.

Eres …
(un poco)
límite. ❗ *E*
retrasado/a. ❗
deficiente. ❗
tarado/a. ❗ *AM*

Du bist …
(ein bisschen)
beschränkt.

geistig
zurückgeblieben.

Für Insider *In Spanien und
Lateinamerika ist es*
*eine Art Volkssport, sich gegenseitig üble
Beschimpfungen an den Kopf zu werfen. Deshalb gibt es natürlich auch jede Menge fieser
Sprüche, mit denen du ausdrücken kannst,
dass jemand dumm ist wie zehn Meter Feld-
weg:*

Te falta un hervor. *E*
Du hast sie doch nicht alle. (Wörtl.: Dich müsste
man nochmal aufkochen.)

Eres un poco Corky. ❗
Du bist doch ein bisschen mongo.
Corky ist ein Fernsehschauspieler mit Down-
Syndrom.

No estabas el día que repartieron la inteligencia.
Du hast wohl den Tag verpasst, an dem die Intelligenz verteilt wurde.

Eres más tonto/a que Abundio *E* **/ Picio.** *E*
Du bist dümmer als Abundio/Picio.
Kein Schwein weiß, wer Abundio und Picio sind, aber scheinbar waren sie nicht gerade die Hellsten …

Eres más tonto/a que las piedras.
Du bist dumm wie ein Stück Brot.
Auf Spanisch ist man dümmer als die Steine.

Eres más tonto/a que hecho/a de encargo. *E*
Du bist dümmer als die Polizei erlaubt. (Wörtl.: Du bist dümmer als man dich bestellt hat.)

Eres el / la tonto/a del pueblo.
Du bist der Dorftrottel.

Eres tonto/a de capirote. *E*
Du bist saudumm.
„Capirote" ist ein Hut, den Kinder früher in der Schule zur Strafe aufsetzen mussten.

No eres más tonto/a porque no te entrenas.
Du bist nur deswegen nicht noch dümmer, weil du nicht trainierst.

No sabes hacer la „o" con un canuto. *E*
Du bist zu dumm zum Scheißen. (Wörtl.: Du kannst nicht mal Rauchringe mit einem Joint blasen.)
... und das scheint ziemlich einfach zu sein!

Eres tonto/a hasta decir „basta". *E*
Du bist echt unglaublich dumm.

Tienes la inteligencia en el culo. *E*
Dir haben sie doch ins Hirn geschissen.
(Wörtl.: Du hast deine Intelligenz im Hintern.)

Tienes la inteligencia de un niño de cinco años.
Du hast die Intelligenz eines Fünfjährigen.
Immerhin!

Tienes el cerebro de un mono / mosquito / una mosca.
Du hast das Hirn eines Affen/einer Mücke/einer Fliege.
Fragt sich, wer von den Dreien am schlausten ist ...

1 Heftige Schimpfwörter

... und die Konter dazu. Zu höflich bist du damit sicher nicht!

Unzensiert

Die besten Schimpfwörter ...

¡Botón! *AM* / **¡Sabelotodo!** *AM, E* /
¡Sabiondo! *AM, E*
Besserwisser!/Rechthaber!
Das ist echt ein nerviger Typ Mensch!

¡Pobre imbécil! / ¡Pobre hombre! ♂
Armer Dummkopf!/Armer Idiot!

Eres un/a comemierda. 💣 *AM* /
¡Eres una bosta! 💣 *AM*
Du bist echt scheiße! (Wörtl.: Du bist ein Scheiße-fresser/Pferdeapfel!)
Deutlicher geht's kaum.

¡Eres un/a payaso/a *E* **/ un/a mamarracho/a!** *E*
Du bist echt peinlich! (Wörtl.: Du bist ein Clown/eine Witzfigur.)
Ziemlich gemein!

¡Puto/a liante! ❗ *E*
Du musst dich immer überall einmischen!

¡Aguafiestas!
Du mieser Spielverderber!

¡Ya estás jodiendo la marrana! 💣 *E*
Mann, du nervst wie die Sau! (Wörtl.: Du fickst
schon die Sau!)
Ziemlich derb.

... und die besten Konter

Púdrete. 💣
Verreck doch! (Wörtl.: Verfaule!)
Nicht gerade freundlich!

Muérete. 💣 *AM* / **Morite.** 💣 *ARGENTINIEN* /
Matáte. 💣 *ARGENTINIEN*
Verreck doch!/Bring dich doch um!

¡Deja de romper! *AM* / **¡Deja de
joder!** 💣 *AM, E*
Hör auf zu stressen!

¡Anda a cagar! 💣 *AM*
Verpiss dich! (Wört.: Geh scheißen!)

¡Deja de dar la vara *E* / **lata** *E* / **brasa** *E* /
chapa! *E*
Langweil mich nicht!

1

¡No me toques las pelotas! 🔥
Geh mir nicht auf den Sack! (Wörtl.: Fass mir nicht an die Eier!)

¡No me jodas más! 🔥
Hör auf, mich zu belästigen!

Me importa una mierda. ❗ / **¡Me importa un carajo!**
Das ist mir scheißegal!

¡Forro! *ARGENTINIEN*
Miststück! (Wörtl.: Kondom)

¿Estás de la nuca? *AM* / **¿Estás (mal) de la azotea?** *E*
Hast du einen an der Waffel?

¿Estás majara *E* / **tronado/a** / **zumbado/a** *E* / **grillado/a?** *E*
Bist du verrückt geworden?

¡Estás loco/a de atar / de remate!
Du spinnst doch total!

¡Pírate! *AM, E /*
¡Nájate! *AM, E /* ¡Ábrete! *E /*
¡Esfúmate! *AM, E*
¡Larga con viento fresco! *E*
¡Date el piro! *E*
¡Anda al carajo!
¡Anda a la mierda!
¡Ábrase! *KOLUMBIEN*
¡Rajá de acá! *ARGENTINIEN*

Hau ab!/
Verpiss dich!

¡A cascarla (a Ampuero)! ! *E*

Hau bloß ab! (Wörtl.: Verreck doch in Ampuero.)
Ampuero ist ein Ort in Nordspanien.

Anda a freír frijoles *AM /* porotos. *ARGENTINIEN /* Vete a freír churros *E /* espárragos. *E*

Hau doch einfach ab!
Wörtlich heißt das „Geh Bohnen/Spritzgebäck-
Kringel/Spargel braten". In Lateinamerika kannst
du deiner Fantasie freien Lauf lassen und die Leute
auch noch alles Mögliche andere braten schicken.
Kartoffeln, Spiegeleier, Popcorn – was dir gerade
so einfällt.

2 Für Lästermäuler

- Gemeines über den oder die Ex – moralisch unkorrekt, aber manchmal einfach nötig
- Bierbauch, Birnenhintern, Bundfaltenhose und alles, worüber man sonst noch so herziehen kann

Exfreunde

*Schluss, aus und vorbei. Wenn du eigentlich
echt froh bist, dass du ihn oder sie endlich los
bist, kannst du's so sagen:*

¡Odio a los nenes de mamá! ♂
Ich kann Muttersöhnchen echt nicht packen!
Wenn er sich noch die Unterhosen von Mutti
bügeln lässt.

¡Nada le viene bien!
Ihm/Ihr kann man's nie recht machen.

¡Echaba pestes por todo! *E*
Er/Sie hat ständig an allem rumgemeckert.

¡Era un moro! ♂ *E*
Er war ein blöder Macho.

Era un pichafloja. ♂ *E*
Er war ein Weichei. (Wörtl.: Er war ein Schlapp-
schwanz.)

¡Era una histérica! ♀
Sie war eine hysterische Ziege.

Era una frígida. ♀
Sie war eine frigide Kuh.

Me las ha hecho pasar canutas. *E*
Wegen ihm/ihr ging's mir echt schlecht.

Nervige Menschen

Wenn du deinen Ärger nicht nur runter-schlucken willst, findest du hier die Sätze zum Lästern bis zum Abwinken ...

¡Odio a los niños de papá! *E* / **¡Odio a los hijos de papi!** *AM*
Sponsored by Daddy – ich hasse diese Typen.

Paso bastante de la gente pija. *E*
Ich hab keine Lust auf Schnösel/Snobs.

Me cae como una patada en los cojones 🌶 *E* / **en las bolas.** 🌶 *AM, E*
Er/Sie geht mir auf den Sack. (Wörtl.: Er/Sie ist wie ein Tritt in die Eier.)
Das kannst du nur als Mann sagen ...

Me cae como una patada al *AM* / **en el** *E* **hígado.**
Ich kann ihn/sie echt nicht ausstehen. (Wörtl.: Er/Sie ist wie ein Tritt in die Leber.)

¡A Ana no la soporto / trago / aguanto!
Ich kann Ana nicht ausstehen.

¡Es imbancable! *AM* / **¡Es inaguantable!** *E*
Den/Die halt ich echt nicht aus.

¡Ana da una lata! *E* / **¡Ana da una guerra!** *E*
Ana nervt!

Me cae fatal. *E* **/ Me cae gordo/a.** *E*
Ich kann ihn/sie null packen.

Él me cae de madre. *MEXIKO*
Ich kann den Typen nicht ausstehen.
*Vorsicht: In Spanien bedeutet „de madre" genau
das Gegenteil! Da würdest du den Typen also
supergern mögen.*

Ese tipo es un don nadie. ♂
Der Typ ist echt 'ne Null.

**Me toca mucho los huevos
ese pibe** 💣 *E* **/ tío.** 💣 *E*
Der Typ geht mir total auf die Eier.
Auch der Spruch ist nur für Männer geeignet!

Él es un veneno. *KUBA*
Er ist ein totaler Schleimer. (Wörtl.: Er ist Gift.)

¡Me pone los pelos de punta!
Der/Die macht mich wahnsinnig! (Wörtl.: Der/Die
lässt mir die Haare zu Berge stehen.)

¡Me pone enfermo/a! *E*
Der/Die macht mich krank!

Carmen tiene lágrimas de cocodrilo.
Carmen tut doch nur so dramatisch.
Und ihre Krokodilstränen nimmt ihr eh keiner ab.

2

Tiene la piel curtida.
Er/Sie ist total skrupellos. (Wörtl.: Er/Sie hat
gegerbte Haut.)
In anderen Zusammenhängen kann „piel curtida"
aber auch heißen, dass jemand schon viel erlebt hat.

Le das la mano y te toma el codo *AM, E* **/
el brazo.** *E*
Wenn du ihm/ihr den kleinen Finger reichst,
nimmt er/sie gleich die ganze Hand.
Vertrau ihm/ihr lieber nicht!

Tiene un morro que se lo pisa. *E* **/ Tiene
mucha jeta.** *E* **/ Tiene más cara que espalda.** *E*
Er/Sie nützt andere/Situationen schamlos aus.

Ana es ...	Ana ist ...
una niña pija. *E*	eine arrogante Zicke.
una gilipollas que te cagas 💣 *E* **/ una gilipollas de la hostia.** 💣 *E*	eine absolute Idiotin.
una cabrona. 💣 *E*	ein Miststück.
de la plebea. *AM*	voll die Proletin.
una concheta *ARGENTINIEN* **/ una nariz parada.** *AM*	total hochnäsig.

Ana es ...	Ana ist ...
una gomela. *KOLUMBIEN*	
una chancletera. *KUBA, MEXIKO*	Papis Liebling.
el ojito derecho de papá. *E*	
una jíbara *AM* / **una paleta.** *E*	ein Bauer/ein Trampel.
de (alta) alcurnia *E* / **de pedigrí.** *E*	eine Angeberin/Poserin. (Wörtl.: von adliger Abstammung)
una malcriada *E* / **una mimada.** *E*	ein verwöhntes Gör.
una bruja / una arpía.	eine Hexe/ein Drachen.
una chusma. *AM*	eine intrigante Kuh. *In Spanien heißt „chusma" Gesindel.*
una barriobajera *E* / **de baja estofa.** *E*	eine Proletin.
una mojigata *AM E* / **una monja.** *E*	keusch wie eine Nonne.

2

Ella es ...	Sie ist ...
una engreída *AM, E* **/**	total arrogant.
una chula *E* **/ una**	
creída. *AM, E*	
una maleducada.	ein Trampel.
una insoportable.	unerträglich.
una pesada *AM, E* **/**	eine Nervensäge.
una petarda *E* **/**	
una pedorra *E* **/**	
una plasta. *E*	

Ella está ...	Sie ist ...
loca *AM, E* **/**	verrückt.
pirada *AM, E* **/**	
sonada. *E*	
como una	total verrückt.
regadera *AM, E* **/**	(Wörtl.: wie eine
un cencerro *E* **/**	Gießkanne/wie eine
una cabra *AM, E* **/**	Viehglocke/wie eine
una chota. *AM, E*	Ziege/wie ein Zicklein)
mal de la	nicht ganz dicht.
cabeza *AM, E* **/**	
del bolo *E* **/**	
de la azotea. *E*	

2

Santiago es ...
un cabroncete. **!** *E*
maldoso.
ZENTRALAMERIKA
un punto. *KUBA*
un parejero. *DOMINI-*
KANISCHE REPUBLIK
un canijo. *MEXIKO*
un guillú. *PUERTO RICO*

Santiago ist
ein <u>Schwein</u>/
eine <u>fiese Ratte</u>.

Él es ...
un puto 🔥 *AM /*
maricón. 🔥 *AM. E*
un engrupidor *CHILE,*
ARGENTINIEN /
un mentiroso *AM, E /*
un liante. *E*
un insoportable.
un pesado *AM, E /*
un petardo *E /*
un pedorro *E /*
un plasta. *E*
un pirujo. *MEXIKO*

Er ist ...
schwul.

ein Betrüger.

unerträglich.
eine Nervensäge.

ein Stecher.
Einer, der immer mehre-
re Frauen gleichzeitig
hat.

2

Él es …	Er ist …
un calentón *AM* /	ein Frauenheld/
un faldero. *E*	Schürzenjäger.
un caradura *AM, E* /	ein unverschämtes
cara rota. *AM*	Arschloch.
un rancio. *E*	ein alter Sack.
un fresco *AM, E* /	skrupellos.
un jeta. *E*	*Wenn er andere/Situa-*
	tionen völlig schamlos
	ausnutzt.
un zángano *E* /	ein fauler Sack.
un holgazán. *E*	
un confianzudo. *AM*	ein falsches Schwein.

Der nicht so perfekte Body

Die richtigen Lästereien von Bierbauch bis Hackfresse …

¿Viste qué … es?	Guck mal, der …
feo *AM, E* / **feísimo** *E*	ist hässlich/abartig hässlich.
superhorrible	ist echt übel/ein Gesichtsbunker.
asqueroso	ist voll abstoßend/zum Kotzen.

¿Viste qué ... es?	Guck mal, der ...
afeminado /	sieht total schwul aus.
mariposón	
palo *AM, E* **/ tirillas** *E*	ist superdürr.
fofo *AM, E* **/ fondón** *E*	ist total schwabbelig.
deforme / amorfo	ist völlig unförmig.
panzón *ARGENTINIEN* **/**	hat einen fetten
barrigón *AM, E* **/**	Bierbauch.
tripón *E*	
Hernán ...	Hernán ...
tiene una panza /	hat einen Bierbauch/
barriga.	'ne Wampe.
tiene unos cuantos	hat Speckrollen am
michelines *E* **/**	Bauch.
tiene morcillas. *E*	
tiene algunos	hat Speckrollen
rollitos. *AM*	am Bauch.
está fuerte *E* **/**	ist fett.
de buen año. *E*	
está como una vaca.	ist fett.
	Achtung: „Estar como
	un toro" heißt „stark
	sein wie ein Stier".
parece embarazado.	sieht aus, als wäre er
	schwanger.

2

Hernán ...	Hernán ...
es tetudo.	hat Titten.
ARGENTINIEN	*Wenn eine Frau „tetuda"*
	ist, ist das dagegen
	gerne gesehen ...
es un tapujo *E /*	ist total klein.
un tapón *AM, E /*	
un mediometro. *E*	
es bajito *AM, E /*	ist total klein.
enano *E /* **chaparro.** *E*	
está muy flaco /	ist superdürr.
delgado /	
como un palo /	
famélico.	

Élla es ...	Sie sieht ...
realmente horrible /	ja echt grausam aus.
fea como un demonio.	
un asco de tía. *E*	echt ätzend aus.
una bola *AM, E /*	aus wie eine Kugel/
una boya *E /*	eine Boje/
una ballena *AM, E /*	ein Wal/
una foca. *E*	eine Robbe.

Élla es ...
una piba feísima *E*
una chica poco
agraciada.
un cuero *AM* /
un coco *E* / **un cardo**
(borriquero) *E* /
un monstruo *E* /
un adefesio. *AM, E*
un esqueleto
(andante).
fofa. *ARGENTINIEN, E*
un palo *AM, E* /
una tabla *E* /
un poste. *E*

Sie ist ...
ein Abtörner.
nicht gerade attraktiv.

echt zum Davonlaufen.

ein (laufendes) Skelett.

total schwabbelig.
ein totaler
Hungerhaken.

FACTS Eine Frau wie „ein Stück
Leder" ist normalerweise zum
Davonlaufen. In Peru dagegen ist „un cuero" eine
Dorfmatratze, die leicht zu haben ist. Und Bolivianer, Chilenen, Mexikaner und Peruaner stehen auf
sie, denn in diesen Ländern ist „un cuero" ein total
scharfes Girl.

2

Ana está plana. ♀ *AM, E* **/ Ana está como una tabla de planchar.** ♀ *E*

Ana ist total flach./Ana ist flach wie ein Bügelbrett.

María está cuadrada. ♀ *AM* **/ María tiene tipo tren.** *E*

María ist total unförmig. (Wörtl.: quadratisch/zugförmig)

In Spanien sagt man „cuadrada" zu einer athletischen Frau mit fetten Muskelpaketen.

Ana nada de espalda y nada de pecho. ♀ *AM, E* **/ Ana es nadadora (nada por delante y nada por detrás).** ♀ *E*

Ana ist flach wie Schneewittchen, kein Arsch und keine Tittchen. (Wörtl.: Ana schwimmt Rücken und Brust *oder* Ana nichts am Rücken und nichts an der Brust.)

Das ist ein Wortspiel mit „nada", was gleichzeitig „nichts" und „sie schwimmt" heißt.

Igual atrás que adelante. *AM*

Von vorne wie von hinten.

Wenn sie so flach ist, dass du nicht mehr weißt, wo vorne und wo hinten ist.

Wenn dir jemand einen Typen oder eine Tussi vorstellen will und dazu sagt, dass er/sie „simpático/a" oder „majo/a" (nett) ist, dann gibt er dir damit durch die Blume zu verstehen, dass er oder sie vielleicht nett ist, aber scheiße aussieht.

Totale Abturner – Outfits, die echt daneben sind

Es gibt Leute, die einfach immer in den falschen Klamotten rumlaufen ... Jetzt kannst du endlich richtig über sie lästern!

¡Daniel viste ...!	Daniel ...
(super)hortera *E*	hat (total) geschmacklose Klamotten an.
(super)cutre *AM, E /* **chungo** *E /* **chabacano** *E*	hat (total) abgefuckte Klamotten an.
como un adefesio	hat ein total lächerliches Outfit an.

2

¡Daniel viste ...!	Daniel ...
como un	zieht sich an wie ein
harapiento *E* / **como**	Penner.
un mendigo *AM, E* /	
como un gitano *AM, E*	
disfrazado	läuft rum als wär
	Fasching.
cantoso *E*	hat total schrille
	Klamotten an.
como un putón	läuft rum wie ein
verbenero *E*	Zuhälter.
¡Daniel se viste ...!	Daniel zieht ...
adrenalítico *CHILE*	total schrille/viel zu
	bunte Klamotten an.
huachafo *PERU*	sich an wie ein Proll.
como un croto ❗	total abgefuckte
ARGENTINIEN	Sachen an.
como el culo ❗	total geschmackloses
ARGENTINIEN, E	Zeug an.
de pena *E* / **que da**	sich echt beschissen an.
pena *AM, E*	
con unas pintas *E*	sich ziemlich schrill an.
que da un cante *E*	superauffällige
	Klamotten an.

Alkis und Rauschkugeln 2

So ziehst du über jemanden her, der sich ab und an oder auch immer die Kante gibt ...

María es una esponja.
María säuft wie ein Loch. (Wörtl.: María ist ein Schwamm.)

Se tomó hasta el agua de la fuente. *AM* /
Se tomó hasta el agua de la canilla *AM* /
del grifo. *AM*
Er/Sie hat alles leer gesoffen. (Er/Sie hat sogar den Brunnen/den Wasserhahn leer gesoffen.)

**Se bebe hasta el agua de las flores /
los floreros.**
Er/Sie säuft alles leer.
... sogar die Blumenvase.

Pedro ...	Pedro …
se chupa todo. *AM*	säuft alles.
vive mamado. *AM*	ist dauerhacke/-dicht.
vive borracho.	ist dauerhacke/-dicht.

José ...	
es un borracho.	
es un mamado.	José ist ein Aki.
es un alcohólico.	
es un borrachuzo. *E*	

2

Se conserva en alcohol. *E*
Der/Die konserviert sich von innen mit Alkohol.

Le da al drinking *E* / **a la botella** *AM, E* /
al pimple. *E*
Er/Sie säuft wie ein Loch.

Le pega al vino. *E*
Er/Sie hängt am Weinfass.
Der Spruch geht auch mit allen anderen Getränken.

Le patina la lengua. *E*
Er/Sie fängt an, Stuss zu reden. (Wörtl.: Ihm/Ihr
rutscht die Zunge weg.)

Va haciendo eses.
Er/Sie läuft Schlangenlinien.
Immerhin läuft er/sie noch ...

Pedro tiene una curda encima.
Pedro hat eine Menge getrunken.

¡Ellos tienen ganas de empedarse! *PARAGUAY,*
URUGUAY, MEXIKO
Sie haben Lust, sich heute total abzuschießen!
Na dann tschüs!

Está ...
hasta las cejas. *E*
pedo. *E* / **en pedo.** *AM*
mandanga. *E*
ciego/a. *E*
como una cuba. *E*
mamado/a. *E*
chupado/a. *AM*

Er/Sie ist <u>total hacke</u>.

Lleva ...
un puntillo. *E*
un pedal. *E*
una cogorza. *E*
una mandanga. *E*
una manga. *E*
un ciego. *E*
una melopea. *E*
un colocón. *E*
una merluza. *E*
una moña. *E*
una tajada. *E*
una tranca. *E*
una turca. *E*

Er/Sie hat
<u>einen fetten Rausch</u>.

3 Für Jammerlappen

- Hundeelend, völlig vereinsamt oder einfach nur mies drauf? Hier findest du Jammereien für jede Gelegenheit
- Notfallset mit Trostpflastern für arme Freunde

Jammersprüche für schlechte Tage

Me he levantado con el pie izquierdo.
Ich bin heute mit dem linken Fuß zuerst
aufgestanden.
Nicht nur für Abergläubige.

Llevo un día de perros. *E*
Ich hab heute einen echten Scheißtag.

No doy pie con bola *AM, E /* **bolo.** *E /*
Hoy no es mi día. *AM, E*
Bei mir klappt heute gar nichts./Heute ist einfach
nicht mein Tag.

Las desgracias nunca vienen solas. *AM, E /*
A perro flaco todo son pulgas. *E /* **Me crecen
los enanos.** *E*
Ein Unglück kommt selten allein.

Ausgepowert

*Du hängst seit Stunden auf irgendwelchen
Foltermaschinen im Fitnessstudio oder bist
total kaputt vom Shoppingmarathon? Hier
ein paar Jammersprüche ...*

¡Me agota!
Ich kann nicht mehr!

3

Estoy (completamente) ...	Ich bin (total) ...
muerto/a.	platt/tot.
derrotado/a.	kaputt.
rendido/a /	fertig/am Ende.
acabado/a /	
agotado/a.	
derrengado/a. *E*	fertig/am Ende.
cansado/a como un perro. *E*	hundemüde.
mamado/a. *KOLUMBIEN*	ausgepowert. (Wörtl.: ausgelutscht) *In Ländern wie Argentinien, Uruguay oder Chile heißt „mamado" betrunken.*
hecho polvo *AM, E /*	platt. (Wörtl.: Ich bin
molido/a *E /*	pulverisiert/gemahlen/
picadillo *E /*	Hackfleisch/
papilla *E /* **trizas.** *E*	Brei/zerfetzt.)
off. *E*	auf Standby.
con la lengua fuera.	ausgepowert. (Wörtl.: Mir hängt die Zunge raus.)

Estoy ...	Ich bin ...
reventado/a *AM, E /*	kaputt.
que reviento. *E*	(Wörtl.: zerplatzt)
para el arrastre. *E*	kaputt.
	Beim Stierkampf ist
	„arrastre" das
	Abschleppen des toten
	Stiers.
de cama. *AM*	bettreif.

¡Estoy sudando a chorros!
Ich schwitze wie ein Schwein.

¡Transpiro que da calambre! *ARGENTINIEN,*
URUGUAY
Ich schwitze ganz brutal. (Wörtl.: Ich schwitze so
sehr, dass ich davon Muskelkater bekomme.)

Estoy dolorido/a.
Mir tut alles weh.

Tengo agujetas. *E /* **Tengo calambres.** *AM*
Ich hab Muskelkater.

¡No puedo más! *AM, E /* **¡No doy más!** *AM /*
¡No doy más de sí! *E*
Ich kann nicht mehr!
Dann hör auf!

3

¡Las piernas no me responden!
Meine Beine gehorchen mir nicht mehr.

¡No puedo estar parado/a! *AM* **/ No puedo ni estar de pie.** *E*
Ich kann nicht mehr aufrecht stehen.

¡Me duele hasta el alma! / Me duele todo (el cuerpo).
Mir tut alles weh! (Wörtl.: Mir tut sogar die Seele weh!/Mir tut der ganze Körper weh.)
Wer hat gesagt, Sport sei gesund?

Völlig ausgehungert

So kannst du jammern, wenn du am Verhungern bist …

Estoy famélico/a. *ARGENTINIEN, E*
Ich hab einen Mordshunger!

¡Veo doble / No veo nada del hambre! *AM*
Ich seh schon doppelt/werde schon blind vor lauter Hunger!

¡Tengo un hambre que me comería un caballo *AM, E* **/ una vaca** *AM, E* **/ un jabalí** *E* **/ un buey** *E* **/ a mi madre!** *E*
Ich hab so Hunger, ich könnte ein ganzes Schwein vertilgen!
Die Spanier und Latinos könnten stattdessen ein ganzes Pferd, eine Kuh, ein Wildschwein, einen Ochsen oder sogar ihre Mutter essen.

Tengo más hambre que el perro de un volatinero *E* **/ un gitano.** *E*
Ich habe einen Mordshunger! (Wörtl.: Ich habe mehr Hunger als der Hund eines Seiltänzers/als ein Zigeuner.)

Me suenan las tripas.
Mir knurrt der Magen.

Tengo un agujero (en el estómago).
Ich hab ein Loch im Magen.

Tengo una alien en el estómago. *E*
Mir knurrt der Magen. (Wörtl.: Ich hab ein Alien im Bauch.)
Wenn aus deinem Bauch schon außerirdisch klingende Geräusche kommen,

3

Me desmayo / muero de hambre.
Ich kipp gleich um/sterbe gleich vor Hunger.

Tengo un hambre de caballo. *E*
Ich hab tierisch Hunger. (Wörtl.: Ich hab den Hunger eines Pferds.)

Se me hace la boca agua.
Mir läuft das Wasser im Mund zusammen.

¡Daría cualquier cosa por un helado!
Ich würd alles geben für ein Eis!

¡Estoy sediento!
Ich hab Durst.

Für Insider Das Essen spielt in den spanischsprachigen Ländern eine ganz große Rolle. In Spanien selbst drehen sich eigentlich alle Feste darum, egal ob Familienfeier oder Volksfest. An manchen Orten gibt es sogar eine Art Kochclubs, deren Mitglieder sich am Wochenende treffen, um zusammen zu kochen und natürlich auch zu essen. Seltsamerweise nehmen einige von ihnen keine Frauen auf!
In Lateinamerika wird oft schon beim Mittagessen darüber debattiert, was es denn zum Abendessen

geben soll. Den Kochlöffel hat hier meist das Familienoberhaupt in Sachen Küche, die Oma, in der Hand. Und das traditionelle Familienessen am Wochenende ist mindestens so wichtig wie der tägliche Gang in die Arbeit.

¡Me muero de sed!
Ich sterbe vor Durst!

Estoy seco/a. *E*
Ich bin schon ganz vertrocknet.

Tengo que mojar el gaznate. *E*
Ich muss was trinken. (Wörtl.: Ich muss meine Kehle befeuchten.)

¡Necesito un trago! *E*
Ich brauch einen Schluck zu trinken.
Vorsicht! In Lateinamerika bedeutet das, dass du Alkohol brauchst.

¡Estoy deshidratado/a!
Ich bin total dehydriert!

3   Überfressen

Du platzt gleich? So wehrst du dich gegen die nächste Portion …

Für Insider Achtung! In Lateinamerika gilt es als schlecht erzogen, wenn man sich nach dem Essen über sein körperliches Befinden auslässt. Pass also bei den folgenden Sprüchen ein bisschen auf, in wessen Gesellschaft du dich gerade befindest!

¡Estoy lleno/a!
Ich bin total voll!

Estoy que exploto *AM, E* **/ reviento.** *AM, E* **/ Voy a estallar.** *E*
Ich platz gleich!

¡Qué comilona!
Mann, was für 'ne Fressorgie!

¡Comí como un chancho! *AM*
Ich hab reingehauen wie die Sau!

¡Comí tanto que no me cierra el pantalón!
Ich hab so viel gegessen, dass ich meine Hose nicht mehr zu kriege!

112

Estoy empachado/a. *E*
Ich bin gestopft voll.
Wenn der Ranzen so spannt, dass es schon wehtut.

Me va a salir la comida por la boca *E* /
las orejas. *AM, E*
Mir kommt das Essen gleich wieder hoch./
Mir kommt das Essen gleich zu den Ohren wieder
raus.
Keine hübsche Vorstellung!

No me entra ni agua. *E*
Bei mir passt echt nichts mehr rein.
(Wörtl.: Ich bring nicht mal mehr Wasser rein.)
Wie wär's mit einem Pfefferminzblättchen?

Und danach?

Tengo que … **devolver.** **vomitar.** **ir al baño.** **echar la pota.** *E* **echar la raba.** *E* **echar la papilla.** *E*	Ich muss <u>kotzen</u>/ <u>mich übergeben</u>.

3 Verkatert

Der gefürchtete Tag danach …

Tengo una resaca ...   Ich hab 'nen Kater.
Tengo un resacón ...   Ich hab einen Mega-
Kater.

Estoy resacoso/a.   Ich bin verkatert.

Estoy duro/a. *AM*
Ich kann mich nicht bewegen.
(Wörtl.: Ich bin hart.)

No tan fuerte, se me parte la cabeza *AM /*
me explota la cabeza. *E*
Nicht so laut, mir platzt der Schädel.

¡Estoy hecho mierda / bosta! ❗ *AM /*
¡Estoy hecho una mierda! ❗ *E*
Ich fühl mich beschissen!

¡Estoy hecho pelota! *ARGENTINIEN, URUGUAY*
Ich bin total im Arsch.

¡No me baja nada! *AM*
Ich krieg keinen Bissen runter!

¡Me duelen todos los huesos!
Mir tun alle Knochen weh!

¡Tengo un cebolón! *E*
Ich hab einen Mordsschädel auf! (Wörtl.: Ich hab eine Riesenzwiebel.)

Tengo que dormir la mona. *E*
Ich muss erst ma den Kater ausschlafen.

Pickelattacke – und der restliche nicht ganz perfekte Body

Die richtigen Jammersätze für alle Katastrophen vor dem Spiegel oder unterwegs …

¡Qué desastre!	Oh, Shit! Ich …
Tengo …	
un grano.	hab 'nen Pickel.
una arruga /	hab 'ne Falte/
patas de gallo.	Krähenfüße.
unas ojeras /	hab voll die Augenringe/
bolsas terribles.	Tränensäcke.
espinillas *AM, E* **/**	hab Mitesser.
barros *AM* **/**	
puntos negros. *AM, E*	
un callo. *AM*	hab ein Hühnerauge.
chucha. *KOLUMBIEN*	stink nach Schweiß.

3

¡Qué desastre!	Oh, Shit! Ich ...
Tengo ...	
pie de atleta.	hab Käsefüße.
caspa.	hab Schuppen.
grasa. *E*	hab fettige Haare/Haut.
una cana.	hab ein graues Haar.
un lunar.	hab ein Muttermal.
pecas.	hab Sommersprossen.
entrecejo. *E*	hab zusammenwach-sende Augenbrauen.
bigote *AM, E* /	hab einen Schnauzer.
mostacho. *E*	
pelos en la nariz.	hab Haare in der Nase.
papada.	hab ein Doppelkinn.
pelos de loca *E* /	hab Haare wie eine
bruja. *AM, E*	Hexe.
orejas de soplillo *E* /	hab abstehende Ohren/
Dumbo. *E*	Ohren wie Dumbo.

Mies drauf

Alles tut weh, du fühlst dich einfach nur mies und möchtest so richtig schön jammern? Nur zu ...

¡Ay! Tengo ...	Aua, ich hab ...
estreñimiento *AM, E* **/ constipación.** *AM*	Verstopfung.
el vientre flojo *E* **/ diarrea** *AM, E* **/ colitis.** *AM, E*	Durchfall.
dolor de estómago.	Bauchweh.
dolor de cabeza.	Kopfweh.
retorcijones / retortijones.	Krämpfe.
dolores menstruales.	Regelschmerzen.
tos.	Husten.
mocos.	eine Rotznase.
fiebre *AM, E* **/ calentura.** *AM*	Fieber.
anginas.	eine Angina.
la garganta cogida. *E*	einen entzündeten Hals.
un resfriado.	eine Erkältung.
dolor de garganta.	Halsweh.
dolor de muelas.	Zahnweh.
Tengo mareo.	Mir ist schlecht.
¡Me estoy muriendo!	Ich sterbe!

3

¡Me encuentro fatal! *E* / **¡Estoy de pena!** *E* /
¡Estoy malísimo/a! *AM, E*
Mir geht's beschissen!

¡Estoy de muerte! *AM*
Ich bin total am Ende! (Wörtl.: dem Tod nahe)
*Vorsicht: In Spanien heißt das „Ich bin sehr
attraktiv" oder „Mir geht's super".*

Einsam und verlassen

*Keiner hat dich lieb? So kannst du dich rein-
steigern und so richtig jammern:*

¡Estoy más solo/a que un perro!
Ich bin furchtbar einsam. (Wörtl.: Ich bin einsamer
als ein Hund!)

¡Estoy más solo/a que la una! *E*
Ich bin total vereinsamt. (Wörtl.: Ich bin einsamer
als die Eins.)
Dann tu was dagegen!

Me han plantado. *E*
Die haben mich total versetzt.
Wie gemein!

Me han dejado más tirado/a que un trapo. *E*
Die haben mich total links liegen lassen.
(Wörtl.: Die haben mich weggeworfen wie einen
Putzlappen.)

**Tengo mal fario con las mujeres /
los hombres.** *E*
Ich hab total Pech mit Frauen/Männern.

No me como un rosco *E* **/ un colín.** *E*
Ich reiß überhaupt keine/n auf./Ich krieg überhaupt keine/n ab.

¡Cómo me cagaron! ! *AM*
Die haben mich total verarscht.

Fui su segunda opción. *AM, E* **/ Fui su
segundo plato.** *E*
Ich war doch nur die zweite Wahl für ihn/sie.

¡Eres un paño de lágrimas!
Du bist eine Heulsuse/ein Jammerlappen.

Pedro anda como sapo de otro pozo. *AM*
Pedro fühlt sich hier überhaupt nicht wohl.
(Pedro läuft herum wie eine Kröte aus einem
anderen Brunnen.)

3

Pedro está colgado. *E*

Pedro ist so einsam, dass er sich hier null wohl
fühlt.

Wenn Pedro aber „colgado por alguien" ist, heißt
das, dass er hoffnungslos verliebt ist.

¡Tienes una mala leche! *ARGENTINIEN, URUGUAY*

Du hast ein Pech!

Wenn in Spanien jemand „mala leche" hat, hat er
einen üblen Charakter.

Total pleite

*Wenn du total abgebrannt bist und das Leben
keinen Spaß mehr macht, probier's mal mit
den folgenden Sprüchen. Vielleicht hilft dir ja
jemand!*

Ando seco/a. *AM /*
Estoy seco/a. *E*
Estoy pelado/a. *E*　　　　　Ich bin total pleite.
Estoy tieso/a. *E*
Estoy sin blanca. *E*

Estoy sin un duro *E* / **una perra gorda** *E* / **un céntimo** *E* / **un real.** *E*

Ich hab keine müde Mark mehr.

„Duro", „perra" und „real" sind alles Münzen aus alten Währungen. Wenn man nicht einmal mehr so eine hat, ist man echt blank.

Estoy en números rojos. *E*

Ich bin in den roten Zahlen.

Estoy / me he quedado a dos velas. *E*

Ich stehe mit nichts da. (Wörtl.: Mir sind zwei Kerzen geblieben.)

Diesen Ausdruck kannst du auch verwenden, wenn's mit dem Flirten nicht so geklappt hat.

Für Insider

In der spanischen Umgangssprache gibt es tausend verschiedene Wörter für Geld: Weibliche: guita (Wörtl.: Schnur), pasta (Wörtl.: Teig), tela (Wörtl.: Stoff), varilla (Wörtl.: Rute), chonta, plata (Wörtl.: Silber). Männliche: parné (Kohle/Kies, nur in Bezug auf Geld), colorado (Wörtl.: gefärbt; heißt aber auch „Gold").

Pluralausdrücke: cuartos (Wörtl.: Münzen),
pelas (Wörtl.: Peseten), perras (Wörtl.: Hündinnen),
chines, verdes (Wörtl.: Grüne; das waren zu Pese-
tenzeiten die Tausender).
Außerdem solltest du noch wissen, dass „talegos"
Scheine sind, aber „talego" Knast heißt.

¡No tengo un mango! *ARGENTINIEN* /
¡No tengo plata! *AM* / **No tengo guita.** *AM*
Ich hab keine Kohle.

¡No tengo un centavo! *AM* / **¡No tengo un
chavo!** *MEXIKO, E*
Ich hab keinen einzigen Cent.

¡No tengo dónde caerme muerto/a!
Ich hab nichts mehr!
... nicht einmal einen Platz zum Sterben.

¡La estoy pasando fea! *AM*
Das sind beschissene Zeiten für mich.

¡La mano viene dura! *AM*
Mich trifft's grad echt hart.
(Wörtl.: Die Hand kommt hart.)

Du kennst jemanden, dem's so richtig schlecht geht? Dann bau sie oder ihn mit den folgenden Sprüchen auf ...

In tröstendem Ton:

No es / será para tanto ...
Es wird schon nicht so schlimm sein ...
Hoffentlich hast du Recht!

No se va a acabar el mundo.
Deswegen wird die Welt nicht gleich untergehen.

Mañana será otro día.
Morgen sieht die Welt schon wieder anders aus.

Ya verás cómo (se) pasa pronto.
Du wirst schon sehen – das geht vorbei.

El tiempo lo cura todo. *AM, E* / **El tiempo pone las cosas en su sitio.** *E*
Die Zeit heilt alle Wunden.

Zur Aufmunterung:

¡Levanta ese ánimo!
Komm schon, lach mal wieder!

¡Arriba esa cabeza! *E* / **¡Adelante!** *AM, E* /
¡Ánimo! *AM, E*
Kopf hoch!

¡Venga hombre / mujer! *E* / **¡Anda!** *E*
Na komm schon!

¡Échale huevos! ❗ *E* / **¡Con un par
(de huevos)!** ❗ *E*
Scheiß drauf!
Wörtlich heißt das „Bewirf es mit Eiern!".
Nimm faule!

*Mit leicht väterlichem oder mütterlichem
Unterton:*

Mejor solo que mal acompañado.
Lieber allein als in schlechter Begleitung.

No hay mal que por bien no venga.
Es hat alles sein Gutes.
Wenn man nur immer vorher schon wüsste,
was das sein soll …

Ojos que no ven, ¡corazón que no siente!
Aus den Augen aus dem Sinn!

Más vale tarde que nunca.
Besser spät als nie.

A rey muerto, rey puesto. *E* / **Un clavo saca otro clavo.** *AM, E*

Andere Mütter haben auch schöne Söhne/Töchter. (Wörtl.: Stirbt ein König, folgt der nächste./Ein Nagel treibt den anderen raus.)

Sprüche, die nicht jeder hören will.

Und noch ein paar Tröster für alle Fälle:

¡Cálmate!
Beruhig dich doch!

¡No vale la pena!
Jetzt komm mal runter. Er/Sie/Das ist es echt nicht wert.

¡Olvídate! / ¡Olvídalo!
Vergiss es einfach!

¡No te calientes! *AM*
Reg dich nicht auf

¡Cágate en él / ella! 💣
Scheiß doch auf ihn/sie!

Echt spanische Gesten

Wenn du ohne Worte schimpfen willst, kannst du's mal damit versuchen ...

Geht's noch?/
Du spinnst wohl!

Wird ziemlich häufig benutzt.
Immer dann angebracht, wenn jemand
unangenehm aus der Rolle fällt.

Fick dich! ♂

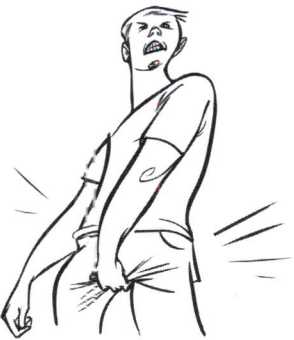

Benutz diese Geste nur, wenn dir jemand
wirklich auf den Sack geht. Sag dazu:
**„¡Vete a tomar por culo! /
¡No me toques los cojones!"**
(Verpiss dich!/Geh mir nicht auf den Sack!)

Hier funktioniert's auch
ohne Worte bestens!